"진작에 나왔어야 할 책이다. 진작에 이렇게 전도했어야 했다. 전도의 열정에 제 정신을 불어넣는 귀한 책이다."

김영봉 목사, 와싱톤사귐의교회·「사귐의 기도」저자

"이 책은 21세기에 맞는 전도에 대한 이해와 방법을 향한 '창조적 파괴'의 열매라고 말할 수 있다. 전도에 대한 통전적 이해를 갖는 데 도움을 줄 뿐 아니라, '때를 얻든지 못 얻든지 전하라'는 전도의 명령이 모든 믿는 이들을 향한다는 데 부담을 느끼며, 자신이 전도에 은사가 없다고 느끼는 사람들에게 가깝게 다가갈 수 있을 것이다."

박성민 목사, 한국 CCC 대표

"이 책은 우리가 곳곳에서 발견하는 새로운 전도의 방식을 잘 설명해 주고 있다. 그리스도의 대사로서 우리의 역할에 대한 이해를 바로잡는 데서 시작하여, 친구 관계, 공동체, 이야기, 사람들이 새 생명을 발견하도록 돕는 초청에 이르기까지 중요한 주제들을 잘 정리해 준다. 독자들에게 신선한 공기와 같은 경험이 될 것이다!"

조지 헌터 George G. Hunter, 애즈베리 신학교 교수

"릭 리처드슨은 전도를 좋아하지만, 상투적인 표현들은 싫어한다. 많은 신자가(그리고 불신자가) '전도'와 '상투 문구'라는 두 개념을 서로 분리할 수 없다고 생각한다. 그러나 리처드슨은 예수님이 간절히 사랑하시는 사람들을 돌보는 이 영적 실천의 자리를, 변질되어 버린 종교 자동 판매기에 넘겨주려 하지 않는다. 이 책에서 그는 포스트모던 문화의 실재를 소개하고, 예수님의 큰 이야기 the big story를 바라보도록 도전한다. 기본적인 훈련은 받았지만, 혼란스런 문화적 변화의 바다를 헤엄쳐 나아가는 데 도움이 될 새로운 패러다임이 필요하다고 생각하는 사람들은 이 책을 반드시 읽어야 한다."

짐 헨더슨 Jim Henderson, Off the Map 선교회 대표

"나는 전도를 사람들과 함께 하나님을 향해 나아가는 여행으로 바라보는 릭 리처드슨의 관점을 아주 좋아한다. 그것은 전도를 오로지 회심의 선을 넘게 하는 것으로만 보는 낡은 관념을 깨뜨린다. 이 얼마나 해방감을 주는지! 이런 생각과, 한 영혼을 구원하기 위해 공동체가 함께 일해야 한다는 생각이 결합할 때 얼마나 놀라운 일이 벌어질지 상상해 보라."

론 앨리슨 Lon Allison, 휘튼 대학의 빌리 그레이엄 센터 소장

"이 책은 신선하고 혁신적이고 통찰력이 넘친다. 당신이 전도의 '전'자만 들어도 도망을 가는 사람이라면, 리처드슨에게 기회를 주라. 그는 전도가 당신의 삶과 문화 속에서 어떤 모습이 될 수 있는지 새로운 비전을 보여 줄 것이다. 당신은 깜짝 놀랄 것이고, 전도에 대해 새로운 열정을 품게 될 것이다! 릭은 정통 신앙에 충실하면서도, 실전으로 검증된, 신뢰할 만한 스승이다."

마크 미텔버그 Mark Mittelberg, 윌로우크릭 교회 전도 부장 · 「예수를 전염시키는 사람들」 공저자

"나는 이 책을 즐겁게 읽었다. 따뜻하고, 격려를 주며, 피부에 와 닿는 많은 이야기를 담은 책이다. 본서는 어떻게 당신과 당신의 친구 모두가 좋아할 만한 방식으로 신앙을 나눌 수 있는지를 가르쳐 주고, 그 모델을 보여 준다."

케빈 밀러 Kevin A. Miller, Christianity Today International 부회장

친구와 함께 떠나는 영적 여정

스타벅스 세대를 위한
전도

릭 리처드슨 지음 | 노종문 옮김

IVP

IVP(InterVarsity Press)는
캠퍼스와 세상 속의 하나님 나라 운동을 지향하는
IVF(InterVarsity Christian Fellowship)의 출판부로
생각하는 그리스도인을 위한 문서 운동을 실천합니다.

Originally published by InterVarsity Press
as *Reimagining Evangelism*
ⓒ 2006 by Rick Richardson
Translated by permission of InterVarsity Press
P. O. Box 1400, Downers Grove, IL 60515, U. S. A.

Korean Edition ⓒ 2008 by Korea InterVarsity Press
156-10 Donggyo-ro, Mapo-gu, Seoul 04031, Republic of Korea

REIMAGINING EVANGELISM

 차례

추천사1   9
추천사2   13
감사의 글   17

1. 전도의 새로운 이미지: 세일즈맨인가, 여행 안내자인가   18
2. 성령의 재발견: 동역 대 행동주의   40
3. 공동체를 통한 복음 증거   64
4. 영적 우정의 기술   86
5. 이야기의 힘   110
6. 고정 관념을 깨뜨리는 예수   132
7. 굉장한 뉴스!   158
8. 결혼식 초대: 여행 대 사건   176

   부록 1. 다인종 사회에서 신뢰 구축하기   197
   부록 2. 굉장한 뉴스: '중심에 무엇이 있습니까?' 복음 설명법   205
   부록 3. 회심의 모델들   215
   부록 4. 영적 은사와 복음 증거   219
   주   225

추천사 1

지난 24년 간의 목회 사역을 정리한 것이 나에게 어떤 영향을 끼칠지 모르겠다. 나는 과연 전임 목사라는 직책을 내려놓은 후에도 계속 신실하고, 활력이 넘치고, 복음을 증거하는 그리스도인으로 살아가게 될 것인가? 내 열정은 얼마만큼 직업과 관련되어 있었을까?

나는 교회 사역을 시작하기 전의 시기를 돌아보았다. 나는 한 대학의 영어 강사였고, 그 이전에는 교육 컨설팅을 했으며, 대학원생이었고, 대학생이었고, 고등학교 학생이었다. 나는 십대에 헌신된 그리스도인이 되었지만, 한 번도 '전도'에 대한 압박을 받거나 훈련을 받은 적은 없었다. 나는 그저 사람들과 하나님에 대해 대화하는 것을 점점 좋아하게 되었다.

그렇다. 나는 성경 공부와 예배를 무척 좋아했다. 그러나 내가 더욱 좋아한 것은 그리스도인이 아닌 친구들과 어울리는 것이었다. 나는 그들의 질문에 대답하고, 질문을 던지고, 자연스럽게 신앙과 헌신에 관해 이야기하는 것을 즐겼다. 나는 즐겁게 그들을 내가 참여하던 그리스도인 모임에 초대했다. 나는 그들이 예수님을 따르는 것이 무엇을 의미하는지 발견하도록 돕고, 그들이 그 새로운 삶의 방식에서 자라도록 돕는 것이 좋았다.

세월이 지나 그런 나의 사랑이 꽃을 피웠다. 나는 서른이 채 못 되어 두 교회를 개척하는 사역에 참여하게 되었다. 그중 두 번째 개척은 아내와 내가 목요일 저녁에 대학생들을 우리집에 초대하여 집에서 만든 수프와 빵을 대접하며 하나님에 대한 대화를 나누는 모임에서 시작되었다. 그 모임은 성장했고 점차 교회의 모습을 갖추기 시작했다. 그리고 지금은 내 아내가 24년째 섬기고 있다.

내가 담임 목사로서 마지막 주일의 업무를 마치고, 우리에게 큰 의미가 있었던(지금도 큰 의미가 있지만) 교인들의 뜨거운 환송을 받은 후, 나는 어떤 슬픔의 감정을 느끼면서도, 동시에 호기심이 생겨났다. 다시 '보통 그리스도인'으로 돌아가는 것이 어떤 경험일까? 항상 설교 준비에 매이지 않아도 되고, 나를 목사가 아닌 저술가로 소개하는 것은 어떤 느낌일까?

며칠 후, 나는 중부의 어느 도시에서(지금은 그 이름도 잊었지만) 비행기를 기다리고 있었다. 시간은 자정쯤이었고, 비행기가 경유 도중에 엔진 문제가 발견되어, 우리는 아무런 생산적인 일을 할 수 없는 대기장에서 언제 집에 갈 수 있을지 소식을 기다리며 황망하게 앉아 있었다. 그 불편한 곳 몇 자리 건너편에 앉아있던 한 젊은 남자가 내 눈길을 끌었다. "혹시 볼티모어 공항에 현금 출금기가 있는지 아십니까?" 그가 물었다.

"예, B구역과 C구역 사이에 하나가 있습니다." 내가 대답했다. 순간 나는 무엇인가를 감지했다. 이것은 경험해 보지 못한 사람에게는 설명하기 어려운 어떤 인식이나 감각 같은 것이다. "현금이 필요하십니까?" 내가 물었다.

"볼티모어에서 내리면 택시를 타야 하거든요." 그가 대답했다. 나는 깊이 생각해 보지도 않고, 이 설명하기 어려운 내적인 느낌에 이끌려 말했다. "그럼 제가 태워 드리죠. 어디로 가세요?" 상식적으로, 나는 제안을 하기 전에 먼저 행선지를 물었어야 했다. 그러나 말이 그렇게 나와버렸다.

그리고 대화가 시작되었다. 그는 독일에서 군대에 복무하던 중에 휴가를 얻었고, 곧 이라크로 파견될 것이라고 예상하고 있었다. 이제 겨우 열아홉 살이었고, 어머니를 만나러 가는 중이었다. 어떻게 시작했는지는 모르겠지만, 우리는 종교, 하나님, 신앙, 기독교에 대해 이야기를 하게 되었다. 그는 내게 자신이 아는 위선자들 이야기를 했다. 또 그는 자기가 왜 종교를 가지고 있지 않은지 모르겠다고 했다. 내가 그의 이야기를 듣는 동안(판단하거나, 그의 생각을 바로잡거나 '고치려' 하지 않고) 그는 점점 마음을 열었고, 내 신앙과 내가 가진 소망의 이유에 대해 점점 관심을 보였다.

내 생각에는 그가 우리의 대화를 통해 뭔가를 배운 것 같다. 적어도 나는 뭔가를 깨달았다. 내가 월급 받는 목사가 아니라도 여전히 사람들과 하나님에 대해 이야기 나누기를 좋아한다는 것, 사람들은 자신의 영적 여정에 대하여 이야기를 나눌 상대를 간절히 찾는다는 것, 당신 옆에 앉은 사람의 영혼 속에서 무슨 일이 일어나고 있는지 알 수 없기에 당신이 지금 손에 든 것과 같은 책들이 정말로 중요하다는 것이다.

나는 릭 리처드슨에게, 그리고 이 책에 감사한다. 혼자서, 혹은 더 바라기는 그룹으로 이 책을 읽으면, 내 열아홉 살 친구와 같은 사람들과 함께하려는 마음이 더 생기고, 그런 일을 위해 더 잘 준비될 것이다. 나는 이 친구에게 내 이메일 주소를 주었다. 그와 연락을 주고받을 수 있기를 바란다.

당신이 마음으로 이 책을 읽으며 삶으로 실천하기를 바란다.

브라이언 맥클라렌 Brian McLaren

추천사 2

역사를 통해 볼 때, 전도는 문화, 언어, 정치적 흐름에 맞추어 계속 변화되어 왔다. 물론 메시지가 바뀐 것이 아니라, 전달 체계가 바뀐 것이다. 사도 바울은 성령의 기름부음을 온전히 힘입어 이를 아주 적절하게 표현했다. "내가 여러 사람에게 여러 모습이 된 것은, 아무쪼록 몇 사람이라도 구원하고자 함이니…"(고전 9:22).

그러나 릭 리처드슨이 명확하게 지적하듯이, 다시 한번 시대가 바뀌고 패러다임이 이동하고 있다. 그러므로 전도의 세계를 다시 생각해 보고, 다시 형성하고, 다시 상상할 필요가 생겼다. 이제는 우리가 모두 한 단계 올라서서 일상의 전도에서 중요한 역할을 담당할 때다. 이 한 가지 사실만으로도, 나는 이 세대를 더 잘 이해하는 법에 대해 도움을 (아주 강력하게!) 받았다. 나는 많은 것을 배웠고, 그것을 아내와 정기적으로 토론하기도 했다. 나는 우리 주님 예수 그리스도를 더 잘 소개하고 싶었다.

지난 40년 동안 나는 세상을 여행하며 예수님의 진짜 이야기를 나누었다. 그것은 굉장한 이야기다. 지금까지 들려진 어떤 이야기보다도 위대하며, 영원한 가치가 있는, 소망과 자유와 모든 기쁨을 가져다줄 약속을 지닌 이야기다. 그러나 슬프게도, 오늘날 세상에서 그리 자주 들려지지 않는 메시지다.

모든 사람은 마음 깊은 곳에서, 그들이 인정하든지 않든지, 이 소망의 메시지에 관심을 가진다. 하지만 놀랍게도, 나는 예수 그리스도가 누구시며 그들을 위해 무슨 일을 하셨는지 전혀 알지 못하는 사람들을 점점 더 자주 만나게 된다.

당신과 마찬가지로, 나는 이 좋은 소식을 주위에 있는 사람들과 나누어야 한다는 부담을 느낀다. 그리고 나는 이 책을 만나게 되어 매우 기쁘다. 이 책은 우리가 이 좋은 소식을 이 세대와 일상적으로 나누는 것을 가로막는 이슈와 문제들을 규명할 수 있도록 도와준다. 지금의 사람들은 과거와는 다르게 생각하고 다르게 인식한다. 그러므로 당신과 나는, 예수 그리스도의 위대한 소식을 이해될 수 있는 방식으로 나누는 방법을 배울 필요가 있다. 릭은 나를 일깨워 준다. 그리고 바라기는, 당신 또한 릭을 통해 1900년대가 아닌 오늘날에 어떻게 복음을 전해야 할지 배우게 되기를 바란다.

하나님이 그분의 사랑을(좋은 소식의 복음을) 다른 사람과 나누는 일에 **우리를** 참여하게 하신다는 사실이 나는 언제나 경이롭다. 그렇다. 지상 명령(마 28:18-20)은 우리에게 가서 나누라고 **명령한다**. 그러나 그것은 명령 이상으로, 우리에게 주어진 복이다. 깊이 생각하는 사람이라면, 그 누가 다른 것을 선택하겠는가?

나는 자신의 믿음을 다른 사람과 나누는 단순한 경험을 통해 완전히 변화된 이들의 이야기를 헤아릴 수 없을 만큼 많이 들었다. 그것은 흥분되는 일이며, 그렇게 어려운 일만은 아니다. 우리는 그저 마음을 열고, 정직하게 하나님의 인도를 의식하기만 하면 된다.

우리가 직면하는 어려움, 우리가 만나는 기쁨, 심지어 우리가 날마다 다루어야 할 갈등, 이 모든 것들은 우리의 믿음을 다른 사람과 나눌 때 강력한 힘을 발휘한다.

사실 나의 메시지는 오랜 세월 동안 바뀌지 않았다. 하나님은 하나의 메시지, 곧 예수 그리스도를 주셨고, 나는 그분을 신실하게 나눌 것이다. 이와 유사하게, 유대인 학살의 비극 속에서 생존한 코리 텐 붐은 이렇게 말한 적이 있다. "이 모든 세월 동안, 나는 한 가지 메시지를 가지고 전 세계를 다녔다. 즉, 하나님의 사랑의 깊이보다 더 깊은 수렁은 없다는 것이다."

코리 텐 붐은 자신의 이야기를 나누었다. 그 이상은 아니다. 그리고 그 이야기를 통해 그녀는 수천 명, 아마도 수백만 명에게 예수님의 복음을 증거했다. 당신은 같은 일을 할 준비가 되어 있는가?

기도하는 마음으로 릭의 책을 읽는다면, 당신도 매력적인 방식으로 세상의 구주를 많은 이들과 나눌 수 있게 될 것이다. 세상에 이와 비교할 수 있는 일은 거의 없다.

릭, 우리가 창조적으로, 정직하게, 강력하게 생각할 수 있도록 도와주어서 고맙습니다.

루이스 팔라우 Luis Palau

감사의 글

이 책을 위해 수고를 아끼지 않은 많은 친구들에게 깊이 감사한다. 특별히 미국 IVF의 전국 전도 챔피언 팀과, 내가 큰 기쁨으로 봉사하는 휘튼 대학 전도학 석사 과정을 만들도록 도와준 동료들인 론 앨리슨Lon Allison, 제리 루트Jerry Root, 존 암스트롱John Armstrong, 스콧 모로Scott Moreau, 에비 캠프벨Evvy Campbell, 캐롤 파울러Carol Fowler에게 감사한다. 또한, 이 책이 다인종 학생과 지역 교회 상황에서도 잘 적용될 수 있도록 구체적인 논평을 해준 더그 샤우프Doug Schaupp, 샌드라 반 옵스탈Sandra Van Opstal, 브렌다 살터 맥네일Brenda Salter McNeil, 피터 차Peter Cha, 피터 홍Peter Hong, 대니얼 힐Daniel Hill에게 감사한다.

또한 이 프로젝트를 위해 관대한 투자와 마음의 격려를 베푼 존 존스John Jones에게 심심한 감사를 드리고 싶다. 복음의 능력과 신앙의 진리에 대한 그의 확신은 소중한 도전이 되었다.

언제나 그렇듯이, 사랑하는 내 가족, 크리스, 스티브, 콜비와 매리케이에 대한 감사는 이루 말로 표현할 수 없다. 이 책을 지난 25년 간 나와 함께 해준, IVF와 IVP의 여러 사랑하는 친구들, 동료, 협력자들에게 바친다.

특별히 전도의 동역자인 IVF의 테리 에릭슨Terry Erickson과, IVP의 편집자인 앤디 르 포Andy Le Paeu와 루스 고어링Ruth Goring에게 감사한다.

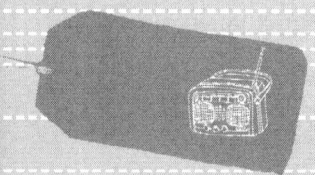

어쩌다가 우리가 여기까지 오게 되었을까?
"좋은 소식"을 의미하던 단어가 어쩌다가
이렇게 나쁜 입소문을 타게 되었을까?

1. 전도의 새로운 이미지
세일즈맨인가, 여행 안내자인가

지난 수십 년 간 전도는 각양각색의 나쁜 이미지를 가지게 되었다. 전도를 생각하면 세일즈, 인위적 조작, 텔레비전 설교자들, 부풀려 올린 머리 스타일, 사람들에게 회심을 강요하는 일, 집집마다 방문하며 문을 두드리는 사람들이 떠오른다. 전도는 예고도 없이 조용한 시간을 망쳐놓는 텔레마케팅 전화 같은 느낌을 불러일으킨다. 레베카 피펏Becky Pippert이 그녀의 책 「빛으로 소금으로」(*Out of the Saltshaker*, IVP 역간)에서 재치 있게 표현한 것처럼, 그런 행동은 당신의 강아지에게도 하고 싶지 않은 행동이며, 당신이 좋아하는 사람에게라면 더더욱 삼가고 싶은 일이다.

전도는 언제나 이미지의 문제들을 지니고 있었다. 그런데 이 이미지의 문제들은 지난 수년 동안 점점 악화되기만 했다. 종교에 열심 있는 '참된 신자들'이 비행기를 빌딩에 처박거나, 무고한 남녀와 어린이들을 자살 폭탄 테러로 살해하는 사진들이 전해지면서, 우리 사회에 이미 만연했던 확신—즉, 자기만 진리를 알고 있으며 다른 사람은 모두 틀렸다고 생각하는 사람은 그저 착각에 빠진 정도가 아니라 매우 위험한 사람이라는 확신—을 강화시켰다.

어쩌다가 우리가 여기까지 오게 되었을까? '좋은 소식'을 의미하는 단어가(전도를 의미하는 영어 단어 evangelism의 어원은 좋은 소식, 곧 복음을 의미한다—역주) 어쩌다가 이렇게 나쁜 입소문을 타게 되었을까? 이 곤경을 벗어날 길은 없을까? 과연 우리는 이 전도라는 말과 실천의 본래 가치를 회복할 수 있을까?

이제 때가 되었다. 지금은 전도에 대한 우리의 오래된 그림과 실행 방식을 다시 검토해야 할 때다. 어쩌면 이제 이것들을 내던져 버려야 할지도 모른다. 이제 때가 되었다. 예수님에 대한 좋은 소식을 나누는 일에 대해 어떤 그림을 그리고 어떻게 실행해야 할지 새롭게 상상해야 할 때다.

이제 때가 되었다. 왜냐하면, 오래된 그림과 실행 방식이 생명력을 잃었고, 더 이상 통하지 않기 때문이다. 우리 문화 속의 사람들은 반응하지 않는다. 교회 안의 사람들은 흥분을 느끼지 못하며 참여하지 않는다. 많은 신자가 비신자들과 마찬가지로 불편함을 느끼고 전도에 대한 관심을 꺼버렸다.

이제 때가 되었다. 왜냐하면, 문화가 이동하고 있기 때문이다. 우리는 근대적, 합리적, 기술 지향적 문화로부터, 좀더 상상하기 좋아하고 체험적이며 이야기 지향적인 문화로 이동해 가고 있다. 우리가 암기한 대본과 틀에 박힌 전도 방식은, 옛 세대의 사람들이 불신자들에게 접근하는 데는 도움이 되었을 것이다. 하지만 지금은 그러한 방식이 오히려 장애가 되고 있다.

이제 때가 되었다. 왜냐하면, 하나님이 새로운 방식으로 일하시기 때문이다. 오늘날 사람들은 영적이지만 교조주의적(dogmatic)이지는 않다. 그들은 하나님의 존재가 합리적으로 타당한지가 아니라, 하나님이 정말 **실재**하시는지를 알고 싶어한다. 그들은 단지 하나님에 관한 논리와 증거와 합리적 근거가 아니라, 체험적인 이야기를 듣고 싶어하며, 하나님과 연결되고 싶어한다. 이렇게 진정성과 실재에 대한 굶주림이 점점 커져가는 이때에, 하나님은 움직이시며, 하나님의 영은 새로운 강력한 방식들을 통해 자신을 드러내신다.

이제 때가 되었다. 왜냐하면, 서구인들은 더 이상 주도적인 위치에 있지 않기 때문이다. 전도라는 모험에 대해서는 이제 아프리카와 아시아 그리고 남아메리카 사람들이 스승이요 멘토가 되어 있다. 세계의 영적 힘은 남반구로 기울고 있다. 핍박을 견뎌내고, 가난한 이웃들을 섬기고, 원수를 사랑하는 법을 배우게 된 사람들이, 생명력 있게 전도하며 전염성 있는 삶을 살고 있다. 이제 그들은 서구를 향해 영적인 활력을 회복하라고 외친다. 이제 서구인들은 이끌고 보내기보다는, 더 많이 배우고 받는 입장에 있다. 또한 결정적으로, 우리가 남반구 형제 자매들로부터 배우고 있는 가장 중요한 것은 복음 증거에서의 성령의 역할과 실재하심이다.

교회에게 지금은 매우 흥분되는 시기다. 때가 되었다. 우리 시대에 복음은 갱신될 수 있다. 왜냐하면, 복음은 구원을 위한 하나님의 능력이기 때문이다. 하나님이 성령을 통해 하시는 말씀에 귀를 기울이자. 그리고 우리

세대를 위해 전도의 이미지를 새롭게 하는 일에 헌신하자.

옛 이미지

성령은 전도에 관하여 오늘날의 교회를 향해 무엇을 말씀하고 계신가? 전도와 복음 증거에 대해 새롭게 그림을 그리고 실행하도록 우리를 이끄는 것은 그분의 영인가?

어떤 사람들은 **전도**라는 말을 아예 없애야 한다고 주장한다. 내 친구 하나는 전도에 대한 자신의 접근 방법 전체를 "남은 자들의 무無전도Non-evangelism for the Rest of Us"라는 말로 요약했다(여기서 무전도라는 말은 직접적이고 적극적인 전도의 행위를 삼가고 구제나 삶의 양식을 통해 간접적으로 복음을 나타내야 한다는 주장을 담은 표현이다-역주). 나는 이 E로 시작하는 단어가 많은 사람들에게 가져온 장애물들을 극복하고자 하는 그의 갈망에 깊이 공감할 수 있다. 그러나 전도는 성경적인 일이며, 이제까지 그러했던 것처럼 교회가 하나님의 목적을 이루어 가는 일에서 매우 중요한 위치를 차지한다. 우리는 단순히 **전도**라는 단어를 거부할 것이 아니라, 새로운 비전, 새로운 그림, 그리고 새로운 실행 방식을 찾아야 한다.

그러나 새로운 그림과 실행 방식을 찾아 나서기 전에, 우리는 먼저 옛 그림과 방식이 무엇이었는지를 돌아보아야 한다.

20세기에 가장 지배적이었던 전도 패러다임은 '세일즈맨으로서 만나 계약을 성사시키는 일'이라고 말할 수 있을 것이다. 많은 그리스도인은 자신이 준비한 내용을 쏟아붓고 담판을 지어야 한다고 생각한다. 그렇지 않으면 정말로 복음을 전한 것이 아니라고 느낀다. 세일즈 계약을 성사시키는 일로 보는 전도에 대한 기본적인 패러다임이 복음주의자들의 의식 속에 깊이 스며들어 있다. 즉 우리는 전도자를 영적인 세일즈맨의 이미지로 보고 있다.

전도에 대한 이런 패러다임은 어떤 그리스도인들에게는 장애물이 된다. 왜냐하면 그들은 그런 일이라면 자신이 할 수 있는 역할이 정말 아무것도 없다고 느끼기 때문이다. 외향적이지 않고, 설득력 있게 말할 줄 모르며, 자기가 팔아야 할 상품에 대해 전문가가 아니라고 느끼고, 돌아오는 질문들에 대해 대답할 기술이 없으며, 일이 성사될 순간에 단호하게 밀어 붙이지 못하는 사람들은, 전도를 자신의 삶의 한 부분이 될 하나님의 선물로 받아들일 수 없을 것이다. 나는 사람들이 다음과 같이 말하는 것을 자주 듣는다. "저는 사람들이 원하지 않는 것을 강요하고 싶지 않습니다. 저는 내성적인 사람이라 논쟁도 잘 못합니다. 저는 되도록 갈등을 피하고 싶고, 관계가 어색해지는 것이 정말 싫습니다. 그러니 전도는 저에게 맞지 않습니다. 제 신앙을 전하지 않는 것에 죄책감이 들지만 저는 하나님을 위해 외향적인 십자군이 되는 일에는 적당한 사람이 아니며, 먹통이고, 전혀 소질이 없다고 느낍니다."

이런 생각이 널리 퍼져 있고, 많은 사람들이 좌절감을 느끼고 있다. 우리는 사람들에게 원치 않는 물건을 내놓는 세일즈맨이 된 것 같은 기분을 느낀다. 우리에게 맞지 않는 대본, 적합하지 않은 그림과 실행 방식을 가지고 일하려다 보니 우리는 먹통이 되고 만다.

그러나 우리는 자신감과 열정을 회복**할 수 있다**. 만일 모든 곳에서 하나님이 일하고 계심을 믿게 된다면, 그리고 우리가 실마리를 찾아가는 탐정이나, 지혜를 나누어 주는 인도자 같은 태도를 취한다면, 전도는 아주 다른 느낌을 줄 것이다. 우리는 모든 시간과 모든 장소에서 항상 일하고 계시는 하나님을 바라볼 수 있다.

전도의 새로운 이미지를 탐구하기 전에, 나는 사람들이 이 장의 내용과 이 책에 대해 제기하리라 예상되는 두 가지 비판을 언급하고 싶다. 첫째로, 어떤 사람들은 내가 허수아비를 만들어 놓고 비판한다고 말할 것이다. 나는 옛 모델을 지나치게 단순화시킴으로써 새 모델을 더 이해하기 쉽게 만들었다. 나도 동의한다. 나는 허수아비를 만들어 놓았다. 그러나 그렇게 한 데는 중요한 이유가 있다. 교회 안의 많은 사람들 **그리고** 교회 밖의 많은 사람들의 마음속에 바로 이 허수아비가 들어 있다. 그리고 이는 많은 그리스도인들이 전도를 삶의 일부분으로 끌어안는 것을 방해하는 주요한 장애물이 되고 있다.

둘째로, 사람들은 내가 어디에 초점을 맞추고 있는지 눈치를 챌 것이다. 나는 전도에 특별한 은사가 없다고 느끼는 사람들에게 초점을 맞추고 있다. 물론 나는 복음을 공적으로 선포하는 일에 부름을 받았다고 느끼는 사람들을 기꺼이 돕고자 한다. 하지만 이 책은 일차적으로 그런 사람들을 위해 쓰여진 것은 아니다. 예수님을 사랑하고 따르고자 하는 보통 사람들은, 그들의 영적인 친구들과 미래의 영적인 친구들에게 지금보다 훨씬 더 많은 것을 나누어 줄 수 있다. 나는 성령이 이 책을 통해 그 무한한 잠재력을 여시고 풀어놓으시기를 바란다.

우리 같은 보통 사람들이 성령으로 충만하며, 성령에 이끌려 영적 동반자들과의 대화를 추구한다면, 하나님은 우리를 사용하셔서 교회의 얼굴을 바꾸시고, 우리로 하여금 사람들을 구원하고 사회를 변화시키는 일에 크게 기여하게 하실 것이다. 바로 이것이 내가 초점을 맞추려고 선택한 부분이다.

자, 이제 전도의 새로운 이미지를 탐구해 보자.

여행 안내자로서의 복음 증거

성경에서 전도라는 단어는 "좋은 소식을 전하거나 선포하는 것"을 의미한다. 여기에 근거하여 우리 자신을 계약을 성사시키기 위해 다니는 세일즈맨이 아닌, 영적인 여정을 함께하는 여행 안내자로 보는 시도를 해 보자. 이러한 생각의 전환을 위해서 우리는 텔레비전 설교자나 방문 세일즈맨 대신에, 간달프와 갈라드리엘 그리고 프로도와 샘와이즈를 그려 볼 수 있다. 이들은 모두 피터 잭슨Peter Jackson이 3부작의 블록버스터 영화로 만든 톨킨J. R. R. Tolkien의 소설 「반지의 제왕Lord of the Rings」(씨앗을 뿌리는 사람 역간)에 등장하는 인물들이다(특히 제3부는 최고의 영화로 인정받아 아카데미 작품상을 받았다). 나는 이 톨킨의 판타지 소설을 오래 전부터 좋아했다. 그리고 전도의 새로운 이미지를 찾기 시작하면서, 나는 이 작품에서 여행의 동반자인 친구들과 어떻게 대화를 나누어야 할지에 대한 아주 훌륭한 그림을 보게 되었다.

이 책의 주인공은 호빗인 프로도 배긴스다. 호빗은 털북숭이 발을 가진 난쟁이 부족으로서, 파이프위드(담배와 유사한 풀로서 호빗 마을의 주 생산품 중의 하나-역주)를 피우고, 에일(영국 전통 맥주의 일종-역주)을 마시고, 정원을 가꾸고, 하루에 여러 번 식사를 하는 등 삶의 단순한 즐거움들로 만족하며 살아가는 이들이다. 프로도는 위대한 마법의 반지(이것은 다른 사람들과 이 세계를 지배하고 조종하려는 유혹의 상징이다)를 파괴하기 위한 여행을 떠난다. 그런 의미에서 프로도의 여행은 무엇보다도 영적인 여행이다. 그 길에서 여행 안내자들이 그와 동행하는데, 이들은 좋은 '전도자'의 역할을 담당한다. 아마 그들을 영적인 멘토라 불러도 좋을 것이다. 어떤 인물은 당신이 자연스레 동일시할 수 있는 인물일 것이고, 어떤 인물은 그렇지 못할 것이다. 그러나 그들 모두가 프로도의 영적 추구의 결정적인 순간마다 영적 인도의 기술을 발휘한다. 아마 당신도 그런 기술이 당신이 만나는 추구자나 회의자와의 관계에서 적용 가능하다고 느낄 것이다.

마법사의 지혜

현자 간달프는 조언을 주는 좋은 안내자일 뿐 아니라, 무엇보다도 훌륭한 삶이 무엇인지 보여 주는 모범이 된다. 프로도와의 여정에서 그의 가장 놀라운 '전도'의 순간은 산 밑의 동굴과 터널을 통과할 때였다. 모리아 광산이라고 불리는 이 터널들은 난장이 종족에 의해 만들어졌다.

간달프는 원정대원들이 터널을 통과하도록 이끌어가던 중 세 갈래 길을 만난다. 어느 길로 가야 할지 모르는 간달프는 멈추어 선다. 그리고 파이프에 불을 붙이고는, 어떤 길을 선택할지 숙고한다. 이때 프로도가 간달프에게 다가간다. 광산을 통과하는 동안 줄곧 그들을 따라온 한 생물체를 보았기 때문이다. 나중에 이 생물체는 골룸으로 밝혀진다. 골룸은 과거에 오랫동안 마법의 반지를 소유하고 있었다가, 그 반지의 마력에 중독되어 영적인 파멸에 이르게 된 존재다. 그는 반지를 소유하고 있었지만, 결국에는 반지가 그를 사로잡아 버렸다. 그 후에 그는 반지를 잃어버렸고, 반지는 프로도의 삼촌 빌보 배긴스에게 넘어갔으며, 이제 그는 반지를 되찾기 위해 삶을 소모하고 있다. 다음의 짧고 간단한 대화를 통해 간달프는 우리에게 영적인 여정의 안내자가 되는 기술이 무엇인지 보여 준다.

프로도: 빌보 삼촌이 기회가 있었을 때 그(골룸)를 죽이지 않았던 것이 아쉽네요(it's a pity).

간달프: 불쌍함pity이라…. 빌보의 손을 가로막았던 것이 바로 불쌍히 여기는 마음이었다. 목숨을 가진 많은 것들이 사실은 죽어 마땅한 존재들이지. 그리고 어떤 죽어가는 것들은 살아야 할 충분한 가치가 있는 존재들이고. 프로도야, 네가 그들에게 생명을 줄 수 있느냐? 죽음과 심판의 문제를 이해해 보려고 너무 몰두하지는 말거라. 사람이 아무리 현명하다 해도 모든 일들의 끝을 다 볼 수는 없다. 내 가슴이 내게 이렇게 말해 주는구나. 선한 일이든 악한 일이든, 골룸이 죽기 전에 해야 할 일이 아직도 남아 있다고. 빌보의 불쌍히 여기는 마음이 많은 사람들의 운명을 변화시킬 것이다.

프로도: 이 반지가 내게 오지 않았더라면 얼마나 좋았을까요? 이 모든 일들이 전혀 일어나지 않았더라면 좋았을 텐데요.

간달프: 모든 살아있는 존재들은 그런 때를 만나게 된다. 하지만 그것을 결정하는 것은 그들의 몫이 아니지. 우리는 그저 우리에게 주어진 시간을 가지고 무엇을 할지를 결정해야만 한다. 프로도야, 이 세상에는 악의 힘 외에도 다른 힘들이 작용하고 있단다. 빌보는 반지를 찾을 운

명이었어. 따라서 너도 그것을 소유해야만 할 운명이었던 거야. 그렇게 생각하는 것이 네게 격려가 될 게다.

간달프는 그저 몇 마디 말을 했을 뿐이다. 그러나 남은 여행 기간 내내 프로도는 이 말을 계속 되새기게 된다. 간달프는 '하나님'이 프로도의 삶 속에서 일하시는 여러 실마리를 보았고, 그것을 지적해 주었다. 그의 말은 진부하거나 뻔한 말이 아니었고, 과장된 말도 아니었다. 그는 프로도의 삶에서 프로도 자신이 인식하는 것보다 훨씬 큰 힘이 일하고 있다고 말해 주었다. 그리고 그는 프로도가 다음과 같은 중요한 문제에 초점을 맞출 수 있도록 돕는다. 다음 단계로서 무엇을 선택할 것인가? 발견하게 된 실마리에 대해 어떻게 반응할 것인가? 선택의 능력을 가지고 무슨 일을 할 것인가?

당신도 영적 여정에 있는 친구들에게 이와 같은 도움을 줄 수 없었을까? 당신은 하나님이 일하시는 실마리를 찾으려 할 수 없었을까? 당신은 간달프처럼 말해 줄 수 없었을까? 당신은 이렇게 말할 수도 있었을 것이다. "내 생각에는 당신이 겪고 있는 일은 하나님과 관련이 있는 것 같습니다. 당신의 영적인 의심과 갈등과 체험은 당신의 삶 속에서 일하고 있는 더 큰 존재를 보여 주는 실마리일지도 모릅니다. 어떻게 생각하십니까? 만일 내 말이 옳다면 당신은 어떻게 응답하겠습니까?" 당신이 이와 똑같이 말하지는 않았을 것이다. 하지만 나는 추구자들과 회의자들의 삶에서 성령의 임재의 실마리를 찾아내는 것, 바로 이것이 하나님이 우리에게 도전하시는 전도 이미지의 핵심이라고 믿는다.

요정 여왕의 고백

모리아 광산의 어둠을 통과하는 여정 중에 원정대는 싸움을 치르다가 간달프를 잃게 된다. 살아남은 이들은 간달프를 잃은 슬픔과 절망감에 싸여 요정의 땅 로슬로리엔에 도착한다. 이 땅은 요정 여왕 갈라드리엘(영화에서는 케이트 블란쳇이 이 역을 맡았다)이 다스리고 있었다.

다른 이들이 모두 잠들어 있던 깊은 밤중에, 프로도는 숲 속에서 갈라드리엘을 만난다. 갈라드리엘은 프로도에게 그의 원정이 실패로 끝나는 것 같은 미래의 장면을 보여 준다. 그리고 그들은 '영적 인도'의 대화를 시작한다.

프로도: 당신이 요구하신다면, 절대반지를 드리겠어요.
갈라드리엘: 당신은 서슴없이 그것을 내게 주려는군요. 내가 이것을 대단히 탐내 왔다는 사실을 부인하지 않겠어요. 하지만 그것을 내게 주면 당신은 어둠의 군주 대신에 또 다른 여왕을 세우게 됩니다. 나는 어둠의 여왕이 되지는 않을지 몰라도, 새벽처럼 아름답고도 두려운, 바다처럼 변덕스런, 땅의 기초들처럼 강력한 여왕이 될 거예요. 모든 사람이 나를 사랑하면서도 또한 절망을 느끼게 될 거예요.
(프로도 앞에 선 그녀는 엄청나게 커다란 모습으로 변했다. 그녀의 모습은 놀라울 정도로 아름답고, 두렵고, 외경스럽게 보였다. 그리고 그녀가 팔을 내리자 빛이 약해졌고, 갑자기 그녀는 다시 웃음을 터뜨렸다. 놀랍게도 그녀는 다시 몸집이 줄어들었고, 가냘픈 몸매에 소박한 흰옷을 입은 부드럽고 슬픈 목소리의 요정 여인이 되었다.)

갈라드리엘: 나는 시험을 통과했습니다. 나는 작은 존재로 남을 것이며, 서쪽으로 가서 지금처럼 갈라드리엘로 살아갈 것입니다.

프로도: 저 혼자서는 이 일을 감당할 수가 없어요.

갈라드리엘: 프로도, 당신이 반지의 사자입니다. 마법의 반지를 운반하는 일은 외로운 일이지요. 하지만 이 일은 당신에게 주어진 과업이에요. 당신이 방법을 찾지 못한다면 어느 누구도 찾을 수 없습니다.

프로도: 예, 제가 해야만 하는 일이 무엇인지 알겠어요. 하지만…저는 이 일을 하는 것이 두려워요.

갈라드리엘: 가장 미미한 사람이라 할지라도 미래의 흐름을 바꾸어 놓을 수 있답니다.

갈라드리엘은 프로도에게 위대한 선물을 준다. 그에게 자신의 영혼을 보여 준 것이다. 그녀는 자신이 유혹에 맞서 힘겨운 싸움을 벌이고 있음을 드러내 보여 주었다. 그녀는 상처 입기 쉬운 자기 영혼의 어두운 부분을 솔직히 드러내었다. 그러나 한편으로 그녀는 자신의 승리를 나누었다. 그리고 그녀는 겸허함과 건전함과 온전함의 길을 선택한다. 그녀는 언제나 자신의 참된 모습으로 살아갈 것이다. 비록 그것이 존재의 몰락 혹은 소멸을 의미한다고 할지라도.

우리는 종종 전도를 우리의 완벽한 영적 능력을 보여 주는 일로 생각하곤 한다. 우리는 그것이 바로 증인이 된다는 말의 의미라고 생각한다. 그러나 갈라드리엘은 다른 방향으로 우리의 상상력을 열어 준다. 우리의 연약함, 우리가 겪었던 갈등, 하나님을 따르기로 선택했을 때 지불해야만 했던 대가들에 대한 진솔한 고백, 바로 이런 것들이 우리가 영적인 여정에 있는 다른 사람들에게 주어야 할 가장 위대한 선물이다.

좋은 여행 안내자는 실패와 갈등과 의심의 이야기와 길을 잘못들어 다른 기회를 놓치게 된 이야기들이, 다른 여행자들에게는 성공담과 마찬가지로 중요하며 설득력 있음을 알고 있다. 이것들은 여행 이야기에 '인간적인' 맛을 더해주는 요소이며, 여행자가 알아야 할 가장 중요한 교훈과 조언을 듬뿍 담고 있는 자료들이다. 이는 우리가 모두 비슷한 여정 중에 있으며, 서로 비슷한 실수를 저지를 수 있다는 것을 깨닫게 해준다.

당신이 추구자와 회의자 친구들에게 줄 수 있는 가장 위대한 선물이 바로 당신이 겪는 영적 갈등과 의심의 이야기라는 생각을 해 본 적이 있는가? 상처받을 위험을 무릅쓰고 당신의 약함과 영혼의 어두운 부분을 드러내며, 어떠한 대가를 치르고서라도 자신에 대해 진실하기를 선택한다면, 당신의 친구들은 귀를 기울일 것이다. 당신의 진정성, 즉 자신의 갈등과 흠 많은 인격을 감추려 하지 않는 진실함은, 당신의 말에 권위를 더해 준다.

호빗 스타일의 전도

영화 "반지의 제왕"에서 내가 마지막으로 지적하고 싶은 '전도적' 순간은 프로도가 그의 신실한 친구이자 동반자인 샘와이즈 감지, 즉 샘과 주고받는 대화다.

샘은 방금 적이 프로도를 잡아가려 할 때 그를 구해냈고, 마법의 반지에 중독된 프로도가 반지의 힘에 삼켜지려는 순간에 그를 끌어낸 참이었다. 그런데 프로도는 그것에 반발하여 분노를 폭발한다. 반지가 프로도의 의지를 강력하게 지배하게 된 것이다. 지금 그는 영적인 여정에서 암흑의 순간을 경험하고 있으며, 끔찍한 일을 저지르려고 한다. 자신의 가장 신실한 친구에게 칼을 들이대고, 그가 자신을 방해한다고 느껴 그를 찔러 죽이려 한다. 만약 당신의 친구나 가족 중에 중독에 사로잡힌 사람이 있다면, 이 장면이 좀더 쉽게 이해될 것이다.

바로 이때, 평소에는 단순하고 현실적이며 말도 어눌하던 이 작은 호빗, 샘이 빛나는 영적인 안내의 기술을 드러내 보인다.

샘: 저예요, 당신 친구 샘이에요. 샘을 모르시겠어요?
(프로도는 칼을 치우고 뒤로 쓰러진다.)
프로도: 샘, 이 일을 더 이상 못 하겠어.
샘: 저도 알아요. 모든 게 잘못돼 버렸어요. 제대로라면 우리가 여기 있어서는 안 돼요. 하지만 우리는 지금 여기에 있어요. 마치 우리가 위대한 이야기들 속에 들어와 버린 것처럼 말이죠. 정말로 중요한 이야기들 말예요, 프로도님. 그 이야기들 속에는 어둠과 위험이 가득하지요. 그리고 때로 그 이야기의 결말을 알고 싶지 않다는 생각이 들어요. 어떻게 행복한 결말이 있을 수 있는지 상상할 수가 없기 때문이죠. 그렇게 나쁜 일들이 많이 벌어졌는데 어떻게 세상이 예전과 같은 모습으로 돌아갈 수 있을까요? 그러나 결국 악한 일들은 지나가는 일일 뿐이에요. 이 그늘, 아니 이 암흑은 반드시 지나가버릴 거예요. 새로운 하루가 시작될 거예요. 그리고 때가 되면 햇빛은 더 맑게 비치겠죠. 그런 이야기들을 들어 보았잖아요. 뭔가 의미가 있는 이야기들 말이에요. 비록 당

신이 그 이야기를 다 이해하기에는 너무 작은 존재라고 하더라도 말이에요. 그러나 프로도님, 저는 좀 이해할 수 있을 것 같아요. 이젠 알 것 같아요. 그 이야기들에 등장하는 사람들은 여러 번 돌아설 수 있는 기회가 있었지만 결코 돌아서지 않았어요. 그들이 계속 앞으로 나갔던 이유는 뭔가를 꼭 붙잡고 있었기 때문이죠.

프로도: 우리가 무엇을 붙잡고 있는 걸까, 샘?

(샘은 프로도를 부축해 일으켜 세운다. 그리고 그의 눈을 바라보며 조용하고도 확신에 찬 목소리로 말한다.)

샘: 바로 이 세상에는 선한 것도 분명 존재한다는 사실이에요, 프로도님. 이것은 싸워 볼 만한 가치가 있는 확신이에요.

샘은 위대한 이야기를 언급한다. 그리스도를 따르는 우리는 아마도 그것을 '왕국의 이야기'라고 부를 것이다. 그는 프로도에게 희망을 준다. 그는 나아갈 방향을 가리킨다. 그는 프로도로 하여금, 선이 악을 이기고 생명이 죽음을 이기는 이 이야기 속에서 그가 맡은 역할을 이해하도록 도와준다.

우리는 너무도 자주 복음을, 우리의 일상 생활이나 현재 벌어지고 있는 사건들의 흐름과는 별로 상관 없어 보이게 포장한다. 그러나 샘은 모든 것이 의미와 목적과 방향을 지닌 이야기의 한 부분임을 이해했다. 그리고 우리 각 사람은 그 큰 이야기의 일부가 될 수 있다.

전도란 하나님이 이 세상과 우리의 영혼 속에 자리잡은 어둠의 세력을 궁극적으로 이기신다는 이야기를 말해 주는 일이다. 전도란 사람들이 그 큰 이야기 속에서 자신의 역할을 찾도록 초대하는 일이다. 샘은 유창하게 말할 줄 모르며, 자신을 대단한 존재로 여기지도 않는다. 그러나 그는 그 이야기를 알고 있고, 요점이 무엇인지 정확히 파악하고 있다. 프로도가 절망에 빠져 포기하려 하며 도움을 필요로 할 때, 샘은 그 이야기를 말해 줄 준비가 되어 있었고, 프로도가 그 이야기 속에서 맡은 역할이 있음을 상기시켜 주었다. 그는 프로도에게 포기하지도 말고, 돌아서지도 말라고 도전한다.

어떻게 우리가 그런 이야기꾼이 될 수 있을까? 어떻게 우리가 더 큰 이야기의 차원을 회복하여, 그 이야기가 우리의 여행 동반자인 추구자 친구들에게 직접 다가가게 할 수 있을까? 어떻게 우리가 포장된 복음을 넘어서서, 희망과 치유와, 어둠에 대한 승리의 좋은 소식으로 나아갈 수 있을까?

나는 이런 이미지들이 당신의 가슴에 새로운 갈망을 불러일으키게 되기를 소망한다. 전도를 다시 상상해 보고 싶은, 증인이며 여행 안내자로서의 역할을 기꺼이 담당하고 싶은 갈망을.

복음을 전하는 새로운 방법

여행 안내자로서의 전도자의 이미지, 그리고 영적 여정에 있는 사람들과의 대화라는 전도의 정의는 모든 면에서 우리가 갖고 있는 전도에 대한 그림과 그 방식을 바꾸어 놓는다. 이 책에서 앞으로 우리가 탐구하게 될 그림과 실행 방식의 변화는 다음과 같은 것들이다.

'**동역**' 대 '**행동주의**'. 우리는 대부분 전도에 대해 생각만 해도 마음이 무거워진다. 옛 모델은 만나는 모든 사람에게, 그들을 잘 알든지 모르든지, 또 상황이 영적인 대화를 하기에 적절한지 아닌지에 상관 없이, 항상 복음을 전하라고 한다. 우리는 친구 관계를 만들어야 하고, 낯선 사람에게 말을 걸어야 하며, 불신자들과 성경 공부를 해야 하고, 복음을 전해야 하며, 그리스도를 영접하라고 초청하고, 사후 관리를 해야 한다. 이런 일들을 실행할 생각을 하면, 아니, 이 목록을 읽기만 해도 부담스럽지 않은가? 하지만 우리는 당연히 이 정도는 해야 한다고 느낀다.

만일 우리가 성령님의 실재와 역할을 재발견한다면 어떨까? 만일 우리 자신을 행동주의자가 아니라 동역자로 여기고, 하나님이 이미 일하고 계시다는 실마리를 찾으며, 하나님이 우리에게 신호를 보내시길 기대하며, 언제나 기도하는 자세로 불신자를 대한다면 어떨까? 아마도 전도는 모든 일을 내가 이루어야 한다는 부담이 아니라, 하나님의 손길을 찾아 나가는 모험이 될 것이다.

'공동체' 대 '개인'. 하나님은 증거하는 개인보다는 증거하는 공동체를 세우는 일에 더 깊은 관심을 가지고 계신다. 세일즈 모델은 개개인의 세일즈맨들이 한 지역에 흩어져 들어가서, 집집마다 방문하는 장면을 떠오르게 한다. 물론 개인적인 증거도 중요하다. 하지만 성령은 그리스도인 공동체를 충만케 하시고, 그 공동체를 한 몸으로 사용하시며 증거하게 하신다. 지체들은 각자가 받은 은사에 따라 독특하게 기여하는 부분들이 있다. 그러므로 복음을 증거하는 일에 모두가 똑같은 일을 하는 것보다는, 각 사람이 특별히 맡은 부분을 행하는 것이 더 중요하다. 그렇게 우리가 함께 행하는 복음 증거는 각자가 부분적으로 맡아 행하는 일들의 합보다 훨씬 더 커질 것이다.

뿐만 아니라, 오늘날 사람들은 공동체를 통해 그리스도께 나온다. 이런 소속감은 믿음보다 선행한다. 그러므로 전도는 사람들이 믿음에 이르도록 하기 위해, 먼저 공동체에 소속되도록 돕는 일과 관련이 있다. 공동체는 사람들에게 헌신을 요구하기 전에, 먼저 사람들이 서로 관계 맺을 수 있는 장소가 되어야 한다.

'우정' 대 '목표 과제'. 옛 모델은 우리가 준비한 내용들을 전달하고 계약을 성사시키는 등의 목표 과제에 초점을 맞추었다. 모든 내용을 전하지 않았고, 주님께 삶을 드리도록 도전하지 않았다면 전도한 것이 아니라고 단순히 단정짓는다. 그러나 영적인 친구들과 나누는 대화 모델은 관계 자체를 즐거워하며, 모든 영적인 대화를 기뻐한다. 브라이언 맥라렌이 즐겨 말하는 것처럼, 우리는 규정에 따른 대화만 추구하는 것이 아니라 대화 자체를 소중히 여긴다. 그러므로 우리는 영적 우정의 기술을 배우며, 진실한 대화의 방법을 익힌다.

'이야기' 대 '교리'. 옛 그림은 우리가 전달해야 하는 진리나 신념에 초점을 맞춘다. 인류의 죄, 하나님의 심판, 우리를 대신하여 십자가 위에서 하나님의 의로운 심판을 받으신 그리스도의 희생적 죽음 등이 그런 중요한 진리들이다. 만일 이런 특정한 진리를 전달하지 않았다면, 우리는 전도한 것이 아니라고 느낀다. 그러나 새로운 모델은, 이 진리들을 포기하지는 않지만, 우리의 출발점이 그곳이 아님을 인식한다. 오늘날 사람들은 교리나 신념보다는 실제로 하나님을 경험하는 일에 훨씬 더 관심이 많다. 하나님의 실재를 경험한 이야기를 나누었다면, 이미 우리는 좋은 영적인 대화를 한 것이다. 그리고 우리는 전도를 한 것이다!

'고정 관념을 벗어난 예수' 대 '진부한 예수'. 우리 문화 속의 사람들은 자신이 예수님에 관해 잘 안다고 생각한다. 그리고 많은 사람들이 예수님에 대해 매력을 느끼고 있다. 하지만 정작 교회에 다니는 사람들과 예수님에 대해 대화하기는 싫어한다. 교회 다니는 사람들은 예수님을 고정 관념 속에 가둬두고 굉장히 따분하게 말한다고 생각한다. 옛 모델은 기회만 되면 예수님과, 예수님이 주시는 유익에 대해 불쑥 말을 꺼내라고 강조한다. 이런 세일즈식 접근을 받는 사람들은 언제 예수님이 갑자기 튀어나올지 알지 못한다. 언제든 튀어나올 수 있는 예수님이지만, 그들은 그분이 어떤 모습일지 뻔히 잘 알고 있다. 그는 친절하고, 착하고, 당신을 구원하며, 필요를 채워 주며, 당신이 가진 모든 질문과, 또 전혀 생각해 보지도 못한 질문들에 대한 대답이다.

그러나 새로운 모델은 자연스럽고 진부하지 않은 방식으로 예수님을 소개한다. 예수님은 아무 때나 갑자기 튀어나와서가 아니라, 기대한 바와 전혀 다른 모습으로 나타나시기에 사람들을 놀라게 만든다.

'하나님 나라에 대한 좋은 소식' 대 '내세에 대한 좋은 소식'. 옛 모델은 우리가 어떻게 죄 용서를 받고 죽은 후에 천국에 갈 수 있는지를 강조한다. 그러나 실제로 이것은 예수님의 메시지의 일부분일 뿐, 그분의 초점은 아니었다. 예수님의 주된 메시지는 하나님의 나라, 혹은 하나님의 통치가 가까이에 있다는 것이었다. 하나님의 통치는 모든 일들을 바로잡고, 사람들과 세상이 원래 의도되었던 모습으로 기능하게 만드는 것이다. 그러므로 예수님은 내세보다는 현세의 삶에 대해, 내세에 들어가는 공짜표를 주는 것보다는 이 세상을 변화시키는 일에 대해 훨씬 더 많은 말씀을 하셨다.

'여행' 대 '사건'. 회심 모델은 누가 안에 있고 누가 밖에 있는지를 판단하며 선을 긋도록 강요한다. 여기에서 우리는 내부인과 외부인을 구별할 수 있게 해주는 일회적인 사건, 결단의 순간을 찾는다. 당신은 어떠했는지 모르겠지만, 나에게는 매번 이렇게 누가 그리스도인이 되었는지, 누가 안에 있고 누가 밖에 있는지를 알아내는 것이 매우 좌절스럽고 열매도 없는 경험이었다. 그러나 새로운 모델은 여행의 이미지에 기초한다. 이 모델은 우리 모두를 목표를 향해 나아가고 있는지, 아니면 목표로부터 멀어져 가는지의 관점에서 본다. 만일 그 목표가 전심으로 예수를 따르는 사람이 되는 것이라면, 우리는 같은 길 위의 서로 다른 지점에 서 있는 사람들이다. 하지만 이 경우 결정적으로 중요한 질문은, 우리가 중심을 향해 나아가고 있으며 인도자이신 주님의 발자취를 따르기 시작했는가 하는 것이다.

  이어지는 각 장을 통해 우리는 새로운 모델이 제시하는 전도의 그림과 실행 방식의 변화를 하나씩 살펴볼 것이다. 그 변화를 탐구하면서 먼저 성경이 그것을 뒷받침해 주는지를 살펴보고, 그 새로운 모델을 추구할 수 있도록 돕기 위해 이 모델이 지닌 장애물과 여러 문제를 정직하게 바라보고, 마지막으로는 영적인 친구 관계의 모험에서 직면하게 될 도전에 대비하기 위해 약간의 실제적인 기술을 제시할 것이다.

  이러한 탐구를 통해서 우리는 우리를 가르치고 인도하실 성령을 바라볼 것이다. 무엇보다도, 성령은 예수님의 참된 증인이시다. 성령은 지난 2,000년 동안 당신이 사랑하시는 사람들과 영적인 여정을 함께하시며 대화를 나누어 오셨다. 성령은 우리가 귀를 기울이고 배우려고만 한다면, 우리에게 가르칠 것이 많으시다.

  마지막으로 덧붙인다. 우리 문화에서 전도를 가장 빈번하게 집어넣었던 상자가 세일즈 모델이긴 하지만, 관계를 통한 전도 모델도 그 자체로 상자가 될 우려가 있다. 우리는 신뢰의 관계를 쌓아가면서도 도전을 주는 지점까지는 가지 않을 수 있다. 그러나 신뢰를 구축하기만 하고 결코 진리를 전달하지 않는다면, 우리는 그들을 사랑하는 것이 아니다. 그러므로 새로운 전도 방법은 세일즈 모델이라는 상자뿐 아니라 관계를 통한 전도라는 상자까지도 뛰어넘어야 한다. 우리는 성령의 신선한 바람이 필요하며, 의사소통을 통해 하나님과 사람을 연결해 주는 새로운 방식이 필요하다. 하나님이 당신의 백성을 자유케 하셔서 변혁적인 복음화를 일으키는 증거를 행하실 수 있는 새로운 방법이 필요하다. 우정에 대한 강조는 건전하고 지혜로운 것이지만, 이것마저도 장애물이 될 수 있다. 우리는 성령을 바라보는 것, 신뢰를 쌓아가는 것, 그리고 다른 사람들과(그들을 방금 만났든지 혹은 수년 간 알고 지냈든지) 우리 자신에 대해 그리고 믿음에 대해 진실하게 나누는 것을 배울 수 있다.

전도의 새로운 이미지를 찾는 것은 우리를 자유롭게 하여 성령의 능력을 입은 진정한 증거를 경험하게 한다. 하지만 위험은 피할 수 없다. 우리가 위험 없는 전도를 찾는다면, 사람들이 그리스도를 향하게 하는 데 아무런 영향을 끼칠 수 없을 것이다.

자, 이제 영적인 동반과 대화와 도전이라는 모험을 떠날 준비가 되었는가? 당신이 가진 지혜와 경험을 다른 사람과 나눌 준비가 되었는가? 그렇다면, 이제 출발하자!

다른 사람에게 다가가기를 간절히 바라는 사람이
첫 번째로 해야 할 일은 하나님께 귀기울이고
성령과 동역하는 법을 배우는 것이다.

2. 성령의 재발견
동역 대 행동주의

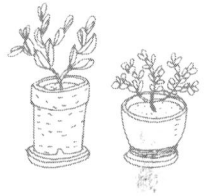

나는 암스테르담의 전차 안에서 잰을 만났다. 여느 때와 마찬가지로 그날도 나는 고향에 있는 친구들과 가족에게 연락을 취하려고 인터넷 카페로 가고 있었다. 창 밖으로 지나가는 수로水路를 바라보다가, 가까이 서 있던 잰에게 눈길이 머물렀다. 그는 주위를 둘러보고 있었고, 지친 표정이었다. 나는 그에게 말을 걸라는 성령의 신호를 느꼈다.

"도시가 참 아름답군요." 나는 아마도 이런 식으로 말을 걸었던 것 같다.

그는 나에게 관광객이냐고 물었다. 나는 빌리 그래함이 후원하는 수련회가 암스테르담 중심가에서 열리고 있는데, 거기에 참가하러 이 도시에 왔다고 대답했다.

그는 쉽게 마음을 열었다. 그는 과거에 신앙이 있었지만 지금은 아니었다. 그는 암스테르담에 4년째 살고 있으며, 삶이 힘들다고 말했다. 그는 나에게 홍등가에 가 본 적이 있는지 물었다. 나는 지나가 본 적은 있지만 들어간 적은 없다고 대답했다. 그는 자기는 몇 번 가 보았다고 했다. "가끔씩 저는 외로움과 공허함을 느낍니다." 그리고 그는 홍등가에 간 일 때문에 진지하게 사귀던 여자 친구와 최근 헤어졌다고 털어놓았다. 그녀는 그를 이해할 수 없었고, 그 역시 깨진 틈을 회복하려 하지 않았다. 그는 아직도 아픔과 분노를 느끼고 있었고, 고통스러울 정도로 심한 외로움에 빠져 있었다.

우리가 내릴 정거장이 되었다. 전차에서 내리고 나서 나는 그를 위해 기도해도 좋을지 물었다. 그는 나의 제안을 흔쾌히 받아들이며 이렇게 말했다. "해가 될 건 없겠죠."

얇은 안개가 내린 암스테르담의 전차 정거장 밖에 서서 나는 잰을 위해 기도했다. 나는 잰의 외로움과 고통에 대해 하나님께 부르짖었다. 나는 그의 삶에 하나님의 회복과 치유가 임하도록 기도했다. 위로를 얻으려 창녀들을 찾았던 (이런 추구는 그를 더 깊은 외로움으로 빠져들게 했을 뿐이다) 그의 내면에 있는 외로움의 공간을 하나님께서 돌보아 주시길 간구했다. 나는 그의 전 여자 친구와의 관계와, 고통, 분노, 그 후로 경험하게 된 쓰디쓴 감정들에 대해 기도했다. 또 그가 평안을 얻고 하나님께로 돌아가는 길을 찾을 수 있게 해 달라고 기도했다. 하나님이 그에게 힘을 주셔서, 자신의 잘못을 깨닫고, 그가 삶의 어려운 문제들과 잘못된 선택들에 직면함으로 다른 사람들과 화해할 수 있게 해 달라고 기도했다.

기도가 끝나자 잰은 눈물을 글썽이며 가만히 서 있었다. 그는 지난 수년 동안 이와 같은 평화를 느껴본 적이 없었다고 말했다. 하나님이 임재하셨고, 그는 그것을 알았고 반응하였다. 그는 내가 자리를 뜨지 않는다면, 그렇게 한참이라도 하나님의 임재 안에 머물며 나와 함께 서 있을 수 있을 것만 같았다. 내가 떠나야 하는 시간이 되었을 때, 나는 마음에 심오한 기쁨이 채워짐을 느끼며 발길을 옮겼다. 나는 성령이 행하시는 일의 동역자가 되었던 것이다. 내가 이 모든 일들을 해낸 것이 아니었다. 나는 단지 다른 사람과 내 안에서 시작된 하나님의 일에 반응했을 뿐이다.

내가 잰에게 기도해 주어도 되겠느냐고 물어보는 위험을 무릅써야만 했을까? 그렇다. 그는 거절했을 수도 있고, 우리 두 사람은 아주 어색한 상태가 될 수도 있었다. 그러나 그에게 하나님을 향해 한발 다가갈 기회를 주는 것은 내가 거절당하는 위험을 충분히 감수할 만한 일이었다. 그것은 내 일이 아니라, 하나님의 일이었기 때문이다.

하나님은 내가 잰을 만나기 전부터 이미 잰 안에서 일하고 계셨다. 하나님은 우리가 서서 대화하고 함께 기도하는 동안 잰의 마음속에서 강력하게 일하셨다. 그 이후에 어떤 일이 벌어졌는지는 나도 모른다. 하지만, 나는 하나님이 그를 타이르시고, 죄를 깨닫게 하시고, 끝까지 몰아가심으로써 그의 마음속에서 계속 일하셨음을 확신한다. 나는 하나님이 그를 빚어 가시는 일련의 작업들 중 한 고리가 되었다. 나는 단지 내가 부름받은 한 역할을 담당했을 뿐이다. 그리고 만일 잰이 거절했다 하더라도, 하나님은 그 경험까지도 사용하셨을 것이다.

성령의 역할을 재발견하며 그분의 흐름에 따르는 법을 배우는 일은 그 자체만으로도 강력하게 전도에 대한 그림과 실행 방식을 변화시킨다.

복음 증거에서 성령이 하시는 일을 발견하고 그분과 동역하는 것은, 또한 우리가 증인으로서 가진 권위에 대한 감각을 혁신적으로 변화시킨다. 하나님은 우리보다 앞서 행하신다. 하나님이 거기에 우리와 함께 계신다. 뿐만 아니라 하나님은 우리가 지나간 다음에도 그 자리에 머물러 계신다. 하나님이 친히 구속하시고 계속해서 간섭하신다. 그러므로 증인으로서 우리가 지닌 권위는, 우리가 성령을 통해 그리스도와 연합하는 데서 나온다. 당신이 다른 사람에게 그리스도에 대해 말할 때마다, 당신은 홀로 있는 것이 아니다. 하나님이 앞과 뒤에, 그리고 사건의 전후에, 당신과 함께 계신다. 우리는 그 권위 안에서 쉼을 누릴 수 있고, 우리와 함께 계시며 죄를 깨닫게 하시고 치유하시고 구원하시는 하나님의 임재 안에서 안전하다. 증거는 우리의 일이 아니다. 그것은 하나님의 일이며, 다른 사람들의 영적 여정 속에 계신 하나님의 임재와 관련된 일이다.

성경에 나온 전도에 대해 연구할 때마다, 나는 성령의 역할이 압도적으로 드러남을 발견한다. 성경에서 전도가 가장 눈에 띄게 드러나는 책은 사도행전인데, 이 책은 성령행전이라고 불릴 수도 있을 것이다. 성령은 사도행전의 주인공이시고 예수님의 가장 주된 증인이시다. 성령은 치유하시고, 적절한 말씀으로 사람들을 감동시키시고, 담대함을 주시고, 마음문을 여신다. 성령은 빌립을 사막으로 이끄셔서 에티오피아 사람과 대화하게 하셨고, 그 후에 사마리아로 돌아와 그분의 일을 계속하게 하셨다(행 8장을 보라). 성령은 베드로에게 하나님이 깨끗하다 하시는 것을 부정하다 말하지 말라고 하시며 이방인 군인을 전도하도록 보내셨다(행 10장을 보라). 그리고 성령은 그 이방인 군인과 가족들 위에 내려오셔서 그들을 받으셨음을 확증해 주셨다. 심지어 성령은 그 군인과 가족들을 향한 베드로의 짧은 설교가 끝나기까지도 기다리지 못하셨다. 성령은 때마다 사도들을 **통하여** 행하시고, 필요할 때 사도들을 **거슬러** 행하신다. 베드로는 위대한 첫 번째 전도 설교를 했다(행 2장을 보라). 하지만, 성령께서 먼저 무식한 사람들의 입술을 빌려 거기 있던 모든 사람에게 그들의 언어로 말함으로써 소동을 일으키지 않으셨다면, 아무도 듣지 않았을 것이다.

요한복음 14장에서 예수님은 성령을 소유하는 것이 예수님 자신을 육신으로 소유하는 것보다 더 나은 일이라고 말씀하신다. 성령은 세상으로 하여금 죄를 깨닫게 하시고, 우리를 모든 진리로 이끄시며, 하나님에게서 듣는 것만을 말씀하시며, 아들에게 영광을 돌리신다. 성령은 항상 어느 곳에서나 처음 증인이자 가장 중요한 증인이시다. 우리는 그 성령의 파트너이며 동역자다.

바꾸어 말하면, 다른 사람에게 다가가기를 간절히 바라는 사람이 첫 번째로 해야 할 일은 하나님께 귀기울이고 성령과 동역하는 법을 배우는 것이다.

예수님과 성령

우리는 대부분, 예수님이 많은 기적을 행하셨고, 초자연적인 방식으로 사람들의 많은 은밀한 일들을 아셨음을 알고 있다. 예수님은 나병환자, 맹인들, 저는 사람들, 온몸이 마비된 사람들, 손 마른 사람들과 영적으로 억눌린 사람들을 치유하셨다. 그분은 멀리서 보기만 했을 뿐인데도 나다나엘이 속 깊고 성실한 사람임을 아셨다(요 1:48). 그분은 사마리아 여인이 다섯 번이나 결혼한 것과, 현재도 결혼하지 않고 남자와 동거 중임을 아셨다

(요 4:17-18). 또 유다가 자신을 배반할 것을 아셨고, 베드로가 자신을 부인할 것도 아셨다.

어떻게 예수님은 그 모든 기적을 행하실 수 있었고, 그 모든 일들을 다 알고 계셨을까? 어떤 사람들은 그분이 하나님이셨기 때문이라고 생각한다. 그렇다. 예수님은 하나님이시고, 독생하신 아들이시다. 그러나 나는 예수님이 그 모든 기적을 행하시고 모든 일들을 아신 것이 그가 하나님이셨기 때문이라고 생각하지는 않는다. 예수님은 온전한 사람이셨고, 예수님이 행하신 것, 말씀하신 것, 아신 것은 제한된 인간으로서의 그분의 능력을 침해하지 않았다. 성경이 이것을 증명하고 있다.

빌립보서 2:6-11에서 바울은 예수님이 아버지와의 동등함을 고집하지 않으시고, 자신의 모든 신적 특권과 초월적인 능력을 비워 사람이 되셨다고 말한다. 그는 진짜 사람이셨다.

누가는 예수님이 지니신 능력과 지식의 비밀에 대해 말해 준다.

예수께서 성령의 능력으로 갈릴리에 돌아가시니 그 소문이 사방에 퍼졌다(눅 4:14).

열쇠는 예수님이 신성을 지니셨다는 점이 아니라, 예수님이 성령으로 충만하셨다는 사실이다!

예수님은 나중에 제자들에게 그분이 행한 것을 그들이 행하고 더 큰 일도 행하게 될 것이라고 말씀하셨다(요 14:12). 어떻게 이 일이 가능할 것인가? 예수님이 떠나실 때, 아버지는 약속하신 대로 성령을 보내실 것이다.

사도행전에서 제자들은 계속해서 예수님의 일을 행하고, 예수님의 말씀을 말한다. 어떻게 이것이 가능했는가? 그들이 성령으로 충만했기 때문이다.

요한복음 5장에서 예수님은 38년 간 불구로 지내며 연못가에 누워 있던 한 사람에게 말을 거신다. 예수님은 그에게 낫기를 바라는지 물으신다. 그 남자는 그렇다는 대답조차 하지 않는다. 그는 연못 물이 움직일 때 물에 들어갈 수 없었던 이유를 늘어놓을 뿐이다. 사람들은 가끔 천사들이 연못 물을 움직이는데, 이때 처음으로 물에 들어간 사람은 병이 낫는다고 믿고 있었다.

예수님은 그 남자의 변명을 가로막으시며, 일어나 자리를 들고 걸어가라고 말씀하신다. 놀랍게도 그는 일어나 걷는다. 나는 상상할 수 있다. 아마도 가장 놀란 사람은 불구자였던 그 사람 자신이었을 것이다! 그 사람이 걸어가는 자신의 발을 내려다보며 중얼거리는 말이 귀에 생생하게 들릴 것만 같다. **"다리들아, 뭘 하는 거니? 무슨 일이 벌어진 거야?"**

이 사건은 종교 지도자들과 사회적 관습의 수호자들에게 걸림돌이 되었다. 예수님이 안식일에 병을 치료하셨기 때문이다. 나는 그들의 목소리도 들을 수 있다. "당신은 안식일에 일을 해서는 안 돼. 그것은 부당한 행동이야. 그 남자가 하루 더 연못가에 누워 있도록 내버려두었다가 내일 고쳤어야지. 하나님을 섬기려면 좀 사리 분별을 해!"

이런 종교적인 사람들에게 예수님은 강력한 대답을 주셨다. "내가 진실로 진실로 너희에게 이르노니, 아들이 아버지께서 하시는 일을 보지 않고는 아무것도 스스로 할 수 없나니, 아버지께서 행하시는 그것을 아들도 그와 같이 행하느니라"(요 5:19).

여기에 예수님의 강력한 전도의 비밀이 있다. 그분은 동역자요 파트너로 일하신다. 그분은 아버지가 하시는 일을 보고 오직 그 일만을 행하신다.

예수님은 우리 삶의 모델일 뿐 아니라 마찬가지로 복음 증거의 모델이 되신다. 우리의 전도는 종종 효과가 없고 죄책감에 떠밀려 이루어진다. 그 이유는 모든 것이 우리에게 달려 있다고 생각하기 때문이다. 그러나 예수님은 우리가 스스로의 힘으로는 아무것도 할 수 없음을 기억하게 하신다. 열매를 맺는 복음 증거는 오직 성령의 지도를 받고 성령과 동역하는 복음 증거뿐이다.

우리가 의식적으로 성령과 동역하든지 혹은 그렇지 않든지 간에, 하나님은 우리를 인도하실 수 있고, 복음 증거에 우리를 사용하실 수 있다. 그러나 만일 우리가 의도적으로 귀를 기울이고 하나님이 이미 일하고 계심을 분별한다면, 그리하여 다른 사람의 삶에서 진행되는 성령의 복음 증거의 파도에 올라탈 수만 있다면 얼마나 좋겠는가! 릭 워렌Rick Warren이 「새들백교회 이야기The Purpose Driven Church」(디모데 역간)에서 일깨워 주듯이, "우리는 '주여, 제가 하는 일에 복을 내리소서'라고 기도하기를 멈추고, '제가 당신이 복 주시는 일을 하도록 도우소서'라고 기도해야 한다."

많은 사람이 좀더 자주 전도하지 못하는 것에 죄책감을 느낀다. 하지만, 성령께 귀기울이는 것을 배우면 죄책감을 상당 부분 벗어버릴 수 있다. 우리는 하나님을 바라보며 신호를 보내시기를 기다린다. 그리고 특정한 상황에서 하나님이 우리를 이끄시지 않는다면, 긴장을 풀 수 있다. 이것은 우리가 신호를 느낄 때에만 예수님에 대해 말해야 한다는 의미는 아니다. 궁극적으로, 우리가 자신에 대해, 그리고 그리스도의 제자 된 우리의 정체성에 대해 정직하다면, 우리는 우리의 정체성과 경험을 표현할 기회를 **자주** 얻게 될 것이다. 그러므로 우리는 만나게 되는 모든 기회를 놓치지 않을 수 있다. 그러나 무엇보다도 복음을 전하며 진정한 자신이 되는 과정에서 우리가 얻을 수 있는 가장 큰 변화는 성령께 귀기울이게 되는 것이다.

성령 탐정 사무소

오늘날 전도를 이해하려 할 때 우리를 안내해 주는 또 하나의 훌륭한 이미지는 탐정 사무소다. 우리는 성령 탐정 사무소에서 일하는 수습 탐정들이다. 우리는 단서를 찾는다. 또한 우리를 이끄는 노련한 탐정인 성령에 대해, 그리고 사람들에 대해 좋은 질문을 던진다. 하나님이 이미 일하고 계시는 장소는 어디인가?

바울은 영적인 탐정으로서 전도를 수행하는 데 매우 뛰어났다. 예를 들어, 사도행전 17장에 기록된 아테네에서의 바울을 보라. 바울은 아테네를 자세히 둘러보고, 이 영적으로 매우 혼란스럽고, 열광적이고, 지적으로 교만한 이방 도시 한가운데서 진정한 영적인 관심과 겸손의 표지를 발견했다. 그는 알지 못하는 신에게 바쳐진 제단을 발견한 것이다. 그것은 붙잡고 씨름할 만큼 대단한 것은 아니었다. 하지만, 그것은 하나의 단서였다. 하나님이 그 현장에 계셨다.

만일 성령이 첫 번째 증인이요 가장 주된 증인이시라면, 그리고 우리는 성령과 동역하는 수습생 파트너라면, 성령이 하시려는 일을 어떻게 보고 들을 수 있을까? 다음과 같이 세 가지 주된 기술이 도움을 줄 수 있다.

첫째로, 우리는 주위 사람들의 삶 속에서 하나님이 일하시는 장소가 어디인지를 알려주시는 성령의 속삭임과 신호에 주의를 기울일 수 있다.

둘째로, 우리는 그들의 삶에서 하나님이 이미 일하시는 장소에 대한 단서를 찾는 뛰어난 질문들을 던질 수 있다.

셋째로, 우리는 추구자들과 회의자들을 **위하여** 그리고 그들과 **함께** 드리는 기도로써 하나님과 동역할 수 있다.

성령께 귀기울이기

우리의 목표는, 하나님이 이미 일하고 계심을 믿고, 하나님과 동역하는 것이다. 그러므로 내가 비행기를 탈 때나 택시를 잡을 때, 친구와 테니스를 칠 때, 혹은 아인슈타인 베이글스나 파네라 빵집에서 베이글을 살 때, 나는 종종 잠시 멈추어 서서 하나님께 물어본다. 혹시 지금 내 주변의 누군가의 마음속에서 하나님이 행하고 계신지. 많은 경우 나는 아무런 느낌도 감지하지 못하며, 그럴 경우 내 일을 계속한다. 그러나 때로는 하나님이 신호를 보내시는 것을 느낀다. 그리고 보통은 한 발을 앞으로 내딛는 순간, 마음에 용기가 생긴다. 하나님은 일하고 계시며, 나와 함께, 나를 통해 일하기 원하신다. 나는 기회를 만들어내거나, 모든 일이 제대로 일어나게 하는 사람이 아니다.

바하마 출신의 이레이라는 내 친구는 이 방법을 익혔다. 그녀는 종종 지역 모임에 참여하여 다른 사람들을 섬기고 돌볼 기회를 찾는다. 모임에 나갈 때마다 그녀는 하나님이 일하고 계신 장소를 보여 달라고 기도한다.

그러던 중 하나님은 그녀에게 폐쇄적인 삶을 사는 한 여자를 향한 마음을 주셨다. 이레이는 출근할 때마다 이 여자가 창가에 서 있는 것을 보곤 했다. 이레이는 날마다 손을 흔들어 주었다. 처음에 그 여자는 그냥 돌아서 버렸다. 하지만, 얼마 후부터 그 여자도 손을 흔들어 답하기 시작했다.

그 다음에 이레이는 자기가 만든 음식을 가져가 조금씩 나누었다. 대화는 거의 없었다. 그렇게 시간이 흘러갔다. 드디어 어느 날 아침 이레이는 성령님이 때가 되었다고 말씀하시는 것을 느꼈다. 그래서 문을 두드렸고, 그 여자가 문을 열었을 때 이레이는 그녀에게 오늘 아침 하나님이 그녀를 사랑하심을 알기를 바라시며, 그녀의 고통과 외로움을 보셨고, 그녀의 삶 속에 들어와 그것을 변화시키려 하신다고 말했다.

갑자기 이 싸늘하고 불친절하던 여자가 울음을 터뜨렸다. 그녀의 마음이 녹기 시작했다. 그녀는 자신의 삶을 하나님께 드렸다. 나중에 그녀는 이레이에게 자기가 그날 아침 하나님에 대해 생각하면서, 하나님이 자신을 도와주시고 자기에게 말씀하실 수 있을까 하는 의문을 품고 있었다고 말했다.

이레이는 바하마와 아이티에서 많은 사역을 했다. 그리고 개발도상국의 많은 사람들이 그렇듯, 그녀는 성령이 일하시는 방식에 관하여 우리에게 알려줄 것이 많다. 이레이는 은사주의자도 아니고 오순절 교인도 아니다. 하지만, 성령의 음성에 대한 민감함을 계발했다. 요크 무어York Moore는 「나눔으로써 믿음이 자라게 하라*Growing Your Faith by Giving It Away*」라는 책에서 성령께 귀를 기울이고 성령의 파트너가 되는 일로서의 전도를 강조했다. 나는 모든 기회를 활용하여 그런 멘토들로부터 배울 수 있다. 이렇게 성령과의 동역을 추구하는 일은 점점 더 내 삶의 중요한 부분이 되고 있다.

솔직하게 말하면 나는 어떤 때에는 성령의 신호를 느끼면서도 반응하지 않는다. 최근에, 나는 길에서 어떤 노숙자를 그냥 지나쳤다. 한참 내 상급자와 중요한 대화를 나누던 중에, 나는 친숙한 하나님의 신호를 느꼈다. 이 노숙자에게 지폐 한 장을 주고 잠깐 대화를 나누라는 신호였다. 내 상급자는 나를 이해해 주었을 것이다. 그도 전도하는 일을 즐기는 사람이다. 그러나 나는 반응하지 않았다. 나는 그 순간에 더 중요하게 여긴 일들에 대해 대화를 계속 했다. 비록 지금은 그 내용이 무엇인지 기억할 수 없지만 말이다. 내가 그 남자에게 반응했더라면 어떤 일이 벌어졌을지 누가 알겠는가? C. S. 루이스가 「새벽출정호의 항해 The Voyage of the "Dawn Treader"」(시공주니어 역간)에서 쓴 것처럼, "우리는 무슨 일이 벌어졌을지 결코 듣지 못한다."

만일 성령이 처음 증인이자 가장 중요한 증인이시라면, 성령이 무엇을 행하시는지 보는 일과, 성령과 동역하는 일은 결정적으로 가장 중요하다. 우리가 증인이 되기를 추구한다면, 우리가 할 수 있는 일 중에서, 하나님께 귀기울이는 법을 배우는 것보다 더 강력한 효과를 지닌 일은 없을 것이다. 그러면 어떻게 성령께 귀를 기울일 것인가? 성령이 우리에게 신호를 보내시거나 우리를 이끄실 때, 우리는 그것을 어떻게 알 수 있는가?

그 방법의 핵심은 하나님이 당신과 실제로 함께하심을 인식하는 법과, 이 함께하시는 하나님께 좋은 질문을 던지는 법을 배우는 것이다. 그 후에 당신은 하나님이 당신의 마음과 생각에 말씀하실 때까지 기다린다. 나는 기도할 때, 먼저 잠시 고요한 마음으로 수용적인 자세를 갖추고 하나님의 임재를 향해 마음의 초점을 맞춘다. 그러고 나서 나는 하나님께 다음과 같은 질문을 던진다.

- 예수님, 주님께서 이미 일을 시작하신 곳은 어디입니까? 주님, 받아들일 준비가 된 사람들에게로 저를 이끌어 주십시오.
- 제가 말을 걸고, 돌보아 주고, 기도해 주기를 바라시는 사람이 있습니까? 여기에 아픔을 느끼는 사람이 있습니까?

요즈음 나는 사람들에게 복음 증거에 대해 가르칠 때마다, 하루 중 오후나 점심, 혹은 다른 식사 시간을 떼어, 길을 걸어다니며 사람들을 그저 바라보면서 하나님께 귀를 기울이는 시간을 가져 보라고 도전한다. 나는 보이는 사람마다 다가가 대화를 시도해 보라고 강권하는 대신에, 하나님이 이미 특별하게 일하시는 사람에게로 이끌어 달라는 기도를 드리라고 권한다. 나는 종종 사람들이 돌아와 전하는 이야기들을 듣고 깜짝 놀란다. 그들은 고통받는 사람들을 돌보거나, 특별히 마음이 열린 사람들과 이야기를 나누게 된다. 그런 경험을 통해 그들은 삶 속에서 하나님과 동역하며 복음을 증거하는 비전에 대해 큰 흥분을 느낀다.

한 학생이 존 테터John Teter의 책 「내 말을 전하라Get the Word Out」를 읽고, 이처럼 하나님께 귀를 기울이라는 도전을 받았다. 그는 성령께 자신을 이끌어 달라고 기도하며 기숙사를 돌기 시작했다. 그는 기숙사 계단을 오르면서 층마다 모든 문이 닫혀 있는 것을 보았다. 마침내 기숙사의 마지막 층에 다다랐을 때, 그는 한 방의 문이 열린 것을 보았다. 그는 하나님의 영이 신호를 보내시며, 반쯤 열린 문을 두드리고 거기서 어떤 사람들이 무엇을 하려는지 살펴보라고 하심을 느꼈다. 그는 문을 두드렸고, 그 안에 있던 사람들은 그를 맞이해 들였다. 그 방에서는 추구자와 회의자인 세 명의 학생들이 성경을 주제로 논쟁하고 있었다! 그들은 세상이 창조되었는지 아니면 우연히 생겨나게 되었는지를 이야기하고 있었고, 성경이 창조에 대해 무엇을 말하는지 찾아보려던 중이었다. 하지만, 그들에게는 성경이 없었다. 마침 하나님은 그들에게 이 제이슨이라는 학생을 보내신 것이다. 물론 그는 성경을 가지고 있었다! 그는 성경을 가져왔고, 그들 네 명은 한 시간 동안 창세기 1장을 공부하였다. 사도행전 8장에 기록된 빌립과 에티오피아 내시의 만남과 같은 일이 다시 일어난 것이다!

하나님은 우리를 인도하고 연결하기를 원하시며, 그분과의 동역을 통해 강력하게 우리를 사용하기를 원하신다. 하나님의 이런 바람은 우리가 예상하는 것보다 훨씬 더 크다. 만일 당신의 교회나 선교 단체가 이런 비전을 품고, 성령으로 충만케 되고 성령께 이끌림 받기를 간절히 바란다면, 어떤 일이 벌어질지 당신은 상상할 수 있겠는가?

좋은 질문 던지기

우리가 길러야 할 첫 번째 습관은, 주변 사람들을 대하면서 하나님께 적합한 질문을 던지는 것이다. 두 번째로 길러야 할 습관은, 다른 사람들의 삶에서 하나님이 일하시는 장소를 발견하도록, 그들에게도 역시 적절한 질문들을 던지는 것이다. 그렇다면 어떤 종류의 질문이 주위 사람들의 삶에서 하나님이 일하시는 곳을 알아내는 데 도움이 될까? 우리는 이제까지 사람들이 지닌 신념들에 초점을 맞추어 질문을 던지라고 배웠다. 그런 질문은 이런 것이다. "하나님에 대해 무엇을 믿습니까?", "예수님이 누구라고 생각하십니까?", "당신은 우리가 죄인임을 믿습니까?", "우리가 어떻게 하나님과 화해할 수 있다고 생각하십니까?", "구원을 받으려면 우리가 무엇을 해야만 할까요?" 하지만, 불행하게도, 후기 기독교post-Christian 사회에 사는 사람들은 신념에 관한 이야기에는 별로 관심이 없다. 그런 질문은 흥미를 끌어내지도 못하고, 하나님이 일하시는 장소를 발견하는 데도 도움이 되지 않는다.

반면에, 요즈음 사람들은 영적인 삶에는 매우 큰 관심을 보이고 있다. 그들은 영적인 사람들과 신기한 체험을 한 사람들의 이야기에 열광한다. 많은 대중적인 영화들은 뚜렷한 영적인 소재들을 다루거나, 최소한 초자연적 요소를 지닌다. "매트릭스", "반지의 제왕", "해리포터" 시리즈, M. 나이트 샤말란M. Night Shyamalan(인도계 미국인 감독으로 영화 "식스 센스", "언브레이커블", "레이디 인 더 워터" 등을 감독했다-역주)의 영화들, 그리고 멜 깁슨의 「패션 오브 크라이스트」의 예상치 못했던 성공을 떠올려 보라. 사람들은 그들의 체험을 나누고 싶어하고, 당신의 체험을 듣고 싶어하며, 영적인 실재에 대해 이야기하고 싶어한다.

2,000년 전 바울이 아테네를 방문했을 때와 마찬가지로, 이러한 영성에 대한 열광적 관심에는 자기몰두적이고 쾌락주의적인, 참된 하나님을 알고 경배하는 데는 도움이 되지 않는 많은 요소가 있다. 그러나 바울처럼 우리는 대화의 기반으로 삼을 수 있는 긍정적인 요소를 찾아야 한다. 우리 문화 안에 우후죽순처럼 자라는 영적인 관심들에는 성령이 하시는 일을 발견하도록 도와주는 몇 가지 질문들이 있다. 이런 질문들을 통해 당신은 바울과 마찬가지로 자기몰두적인 영성에 대한 열광적인 관심에 도전하면서, 동시에 그런 영적인 추구의 좋은 면을 긍정하고 그것을 기반으로 삼을 수 있다.

- 당신은 어떤 종교적인 배경을 가지고 있습니까? 그리고 그 종교는 지금 당신에게 어떤 의미가 있습니까?
- 당신은 영적인 체험이라고 말할 만한 경험을 해 본 적이 있습니까? 그 경험은 어떤 것이었습니까?
- 하나님이 아주 가까이 있다고 느껴본 적이 있습니까? 어떤 때 그런 느낌을 받았나요?
- 하나님이 존재한다고 생각합니까? 하나님이 어떤 분이라고 생각합니까?
- 기도에 대해 어떻게 생각합니까? 기도가 효과가 있다고 보십니까? 기도의 역할은 무엇이라고 생각합니까?

이 질문들 대부분이 경험에 초점을 맞추고 있다는 점에 주목하라. 사람들이 처음에 이야기하고 싶어하는 수준은 자신의 경험이지, 하나님, 예수님, 죄, 구원에 대한 당신의 믿음의 수준이 아니다.

물론 때로 우리는 건전하지 못한 영성에 대한 열광적 관심에 대해 도전해야 할 필요도 있다. "고정 관념을 깨뜨리는 예수"라는 장에서는, 요즘 유행하는 자기몰두적인 영성에 도전하는 방법들을 생각해 볼 것이다.

이런 좋은 질문들로 출발한 다음에는, 사람들이 자신의 영적인 여정에 관해 스스로가 이해하고 있는 방식으로 이야기할 수 있도록 이끌어 주어야 한다. 그것이 바로 이 과정의 핵심이다. 그들은 자신의 이야기를 하면서, 우리에게 하나님이 어떻게 이미 일하시는지에 대한 실마리를 제공해 줄 것이다.

- 당신의 삶에서 큰 변화나 위기를 경험한 때는 언제였습니까?
- 삶의 영적인 측면에서 당신은 어떤 일을 행해 왔습니까?
- 당신 내면의 의문과 갈등을 해결하려 할 때, 당신은 어디에서 통찰을 얻으려 합니까?

예를 들어, 당신은 이렇게 말할 수 있을 것이다. "저는 아마도 모든 사람이 어떤 방식으로든 삶의 영적인 측면에 관심이 있으리라 생각합니다. 그래서 저는 사람들의 영적인 여정에 대한 이야기를 듣는 것을 좋아합니다. 물론 이것이 사적인 질문이라는 것을 저도 압니다. 하지만 괜찮으시다면, 삶의 영적인 측면에서 당신이 경험하신 바를 들려주실 수 있으신가요?"

기도로 하나님과 동역하기

요한복음 14장에서 예수님은 아주 놀라운 약속을 주신다.

내가 아버지 안에 거하고, 아버지는 내 안에 계신 것을 네가 믿지 아니하느냐? 내가 너희에게 이르는 말은 스스로 하는 것이 아니라, 아버지께서 내 안에 계셔서 그의 일을 하시는 것이라. 내가 아버지 안에 거하고 아버지께서 내 안에 계심을 믿으라. 그렇지 못하겠거든 행하는 그 일로 말미암아 나를 믿으라. 내가 진실로 진실로 너희에게 이르노니, 나를 믿는 자는 내가 하는 일을 그도 할 것이요, 또한 그보다 큰일도 하리니, 이는 내가 아버지께로 감이라. 너희가 내 이름으로 무엇을 구하든지 내가 행하리니, 이는 아버지로 하여금 아들로 말미암아 영광을 받으시게 하려 함이라. 내 이름으로 무엇이든지 내게 구하면 내가 행하리라.

여기서도 역시 기적과 능력 있는 기도 뒤에는 이런 동역의 비밀이 있었음을 주목하라. 예수님은 아버지와 하나이셨기에 그런 일들을 행하신 것이다. 아버지는 그 안에 살아 계셨고 그 일들을 행하고 계셨다. 또한 아버지와 아들은 우리 안에서도 성령을 통해 내주하신다(요 14:23). 그러므로 복음 증거와 기도는 일차적으로 우리의 일이 아니라, 우리 안에서 우리를 통해 일하시는 하나님의 일이다. 증거와 기도의 일에서 다른 한 분이 우리 안에서 활동하신다. 그리고 우리는 그분의 수습생 파트너다.

결과적으로, 우리에게는 예수님이 행하신 일과, 또한 더 큰 일까지도 행할 수 있는 잠재력이 주어져 있다. 이 잠재력은 대부분 실현되지 않은 채 내재되어 있다. 우리가 이 잠재력을 불러일으키려 한다면, 우리의 작고 미약한 노력은 성령의 능력으로 덧입혀진 증거와 기도로 변화될 것이다.

결정적으로 중요한 부분은 예수님의 이름으로 기도하는 것을 배우는 일이다. 예수님의 이름으로 기도하는 것은 예수님의 인격을 따라, 그와 연합하여 기도함을 의미한다. 로마서 8:26-27은 성령이 하나님의 뜻을 따라 우리를 위해 말할 수 없는 탄식으로 간구하신다고 말씀한다. 기도 중에 우리는 하나님의 기도 안으로 들어가게 된다. 우리의 기도는 아들과 성령의 기도에 참여할 때 가장 강력한 힘을 발휘한다. 우리가 어떻게 아들과 성령의 기도에 참여하는가? 이 질문을 두 부분으로 나누어 보자.

1. 우리는 어떻게 추구자와 회의자들을 **위해** 기도하는가?

2. 우리는 어떻게 추구자와 회의자들과 **함께** 기도하는가?

첫째로, 우리는 추구자와 회의자들을 위해 기도할 때 하나님이 응답하지 않으시는 기도가 있다는 것을 기억해야 한다. 사람들이 하나님을 선택하거나 거절할 수 있는 자유를 침해하는 기도는 응답받지 못할 것이다. 하나님은 선택의 자유를 침해하지 않으신다. 하나님이 원하시는 것은 사랑 아니면 무無다. 강요된 맹세는 하나님의 뜻이 아니다. 이러한 진리는 예수님을 따르지 않는 친구나 가족, 특히 자녀를 둔 우리를 곤혹스럽게 한다. 우리의 철저한 본성은 그들로 하여금 예수님께 헌신하도록 강제할 수 있는 어떤 방법이 있기를 바란다. 그러나 기도는 결코 하나님이나 다른 사람을 조종하는 수단으로 사용하라고 주어진 것이 아니다. 기도의 핵심은 겸손이며, 자신의 한계와, 스스로 어찌할 수 없다는 사실과, 무력함을 깨닫는 것이다. 기도는 우리가 자신의 무력함과 궁핍함을 깨닫는 만큼 강력한 힘을 발휘한다.

사랑하는 사람, 특히 자녀가 예수님을 거부하거나 무관심할 때, 쉬운 해결책이나 위로는 없다. 그러나 우리는 하나님이 그를 끝까지 놓지 않으시고 예수님을 따르는 사람들을 그의 삶 속에 보내셔서 사랑을 베풀고, 다가가 진리를 말하게 해주시도록 기도할 수 있다. 어떤 부모도 잃어버린 자녀, 방황하는 자녀에 대해 하나님이 겪으신 것보다 더 큰 괴로움을 겪어 보지는 못했다. 그러므로 실패감에 사로잡히지 말고 기운을 내라. 당신과 같은 처지를 경험하신 분이 계신다. 하나님은 부모의 신앙을 거부하는 자녀를 가진 아픔이 어떤 것인지를 잘 아신다.

여기 간단하지만 역동적인 기도의 목록이 있다. 이것은 성경이 우리에게 제시하는, 하나님이 복 주시고 능력을 부어 주실 기도들이다. 또한 우리가 하나님의 마음에 참여하며, 하나님의 뜻과 일치하여 드릴 수 있는 기도들이다.

- 복음 증거를 위해 하나님의 임재와 능력을 구함(눅 24:49; 행 1:4, 8, 14; 2:2-4)
- 그리스도의 몸 안에서 하나 됨(요 17:21-23)
- 우리의 거룩함과 강건함(엡 6:13; 살전 5:23-24)
- 담대함(행 4:29)
- 기적/치유/예언(행 4:30; 고전 14:24)
- 인도하심과 지혜, 거룩한 사명의 부여(행 8:26-40; 골 4:2 이하)
- 추구자들이 죄를 깨달음(요 16:8-11)
- 복음 전파를 위한 평화(딤전 2:1-4, 8)
- 원수가 불신자들의 마음을 어둡게 하는 방식들을 분별하고 싸울 수 있는 전신갑주(고후 4:4; 엡 6:10-13, 18-20)
- 우리가 사랑하는, 잃어버린 자들의 구원(롬 10:1, 하지만 이 기도는 자유로운 선택의 문제와 관련되어 있어서 바울의 경우와 같이 응답받지 못하는 경우가 종종 있다. 그럼에도, 하나님은 우리의 갈망을 기도로 올려드리길 바라신다!)
- 복음 증거의 동역자들을 보내주심(마 9:35-38)

추구자와 회의자를 **위한** 기도는 강력한 힘이 있다. 그런데 우리는 또한 추구자, 회의자와 **함께** 기도할 수 있다. 특히 최근 들어 이러한 기도는 더욱 효력을 발휘한다.

우리는 종종 이미 하나님의 가족이 된 사람들의 치유를 위해 기도하며, 때때로 하나님은 그런 기도에 응답하신다. 그러나 나는 실제로 내가 추구자 친구들의 육체적 치유를 위해 기도할 때, 하나님이 좀더 자주 강력하게 일하시는 것을 보아 왔다. 예수님의 사역과 사도행전에는 이런 일에 대한 성경적인 사례들이 있다.

내 친구 샘은 내가 책을 쓰는 장소인 아인슈타인 베이글스에서 일한다. 샘의 아버지는 무슬림이고, 어머니는 침례교인에 가까운 신자다. 최근에 내가 줄을 서서 차례를 기다리는데, 샘이 나에게 손짓하며 말했다. "또 지갑을 잃어버렸어. 도무지 어디 뒀는지 모르겠단 말이야!"

"그래 샘, 내가 기도해 줄게." 내가 대답했다.

"고마워, 별로 해로울 건 없겠지." 그가 말했다. (나는 이런 대답을 자주 듣게 된다.)

10분 후에 그가 내게 와서는 지갑을 찾았다고 말했다.

"잘 됐군!" 나는 매우 기뻤다. "기도가 필요하면 아무 때나 부탁하게." 그가 웃었다.

그 다음 주에, 내가 줄을 서서 차례를 기다리는데, 샘은 내게 갑자기 위궤양 통증이 온다고 말했다. "내가 도와줄 일이 없을까?" 내가 물었다. 그는 내게 가까운 가게에 가서 약을 좀 사다 달라고 부탁했다. 약국에서 돌아와서, 나는 기도도 해주겠다고 말했다. 이번에는 그가 좀더 반가워하며 내 기도를 받아들였다.

10분 후에 그는 내게 와서 상태가 훨씬 나아졌으며, 약을 먹을 필요도 없었다고 말했다. 그에게는 전혀 평범치 않은 일이었다.

"그럴 줄 알았으면, 약을 사러 가기 전에 기도해 줄걸!" 내가 불평하자, 그가 다시 웃었다.

요즈음 그는 내가 물어볼 때까지 기다리지 않는다. 그는 내가 묻지 않아도 먼저 기도해 달라고 부탁한다. 나는 그의 개인 사제가 된 느낌이다!

하나님은 같은 종류의 기도라도 나를 위한 기도보다 샘을 위한 기도에 응답하시기를 더 좋아하시는 것 같다. 하나님은 그분의 통치와 권위와 능력을 만져질 정도로 생생히 드러내길 원하신다. 특히 하나님을 따르지 않는 사람들이 있는 장소에서는 더욱 그러하시다. 나는 하나님이 나와 관련해서는 다른 우선순위를 가지고 계신다고 생각한다. 하나님은 내게 더 깊은 성숙을 원하시고, 하나님에 대한 나의 사랑이, 주차할 장소를 발견하거나, 막힌 코가 뚫리거나, 다른 더 큰 병이 낫는 것에 좌우되는 것을 원치 않으신다. 그러나 하나님의 영은 추구자와 회의자를 있는 모습 그대로 만나는 것을 좋아하시는 것 같다. 그들에게 돌봄의 손을 내미시며, 그들이 요청할 때면 기꺼이 기적까지도 동원하신다. 그리고 우리는 이런 성령과 동역하게 된다.

추구자 친구와 함께 기도하기에 적절한 순간은 언제인가? 그리스도를 따르지 않는 사람과 어느 정도 깊은 대화를 나누었고, 그가 자신의 필요에 대해 정직한 태도를 보였다면, 그리고 내가 사람들의 시선을 끌지 않고 그와 함께 기도할 수 있는 장소에 있다면, 나는 그에게 기도해도 좋을지 물어본다. 당신도 그렇게 할 수 있다.

결론

성령은 첫 번째 증인이시며, 가장 중요한 증인이시다. 우리는 그분과 동역하는 수습생 파트너다. 우리가 하나님께 귀기울이고, 탁월한 질문을 던지며, 하나님이 일하고 계심을 알 수 있는 단서가 무엇인지 찾고, 추구자, 회의자와 함께 그들을 위해 기도한다면, 우리의 복음 증거는 놀랍게 변화될 수 있다. 성령과 함께 하는 모험은 얼마나 놀라운 일인지!

오늘날 대부분 사람들은 공동체를 통해서
믿음을 가지게 된다.
공동체에 속하는 것이 믿는 것에 앞선다.

3. 공동체를 통한 복음 증거

회의주의자였던 신디는 친구 손에 끌려서 알파Alpha 모임에 나가게 되었다. 알파는 추구자, 회의자들과 함께 만찬을 나누며 10주 동안 진행되는 모임인데, 첫 모임에서는 "기독교는 지루하고 거짓이며 터무니없는 것인가?"라는 주제로 이야기를 나눈다. 그녀의 친구 파울라는 알파 코스를 통해 예수님을 따르는 사람이 되었다. 그날 저녁 파울라는 자신의 이야기를 나눌 예정이었고, 신디에게 격려차 꼭 와 달라고 사정을 했다. 신디는 변명거리를 찾지 못해 그 자리에 오게 되었다.

식탁에 둘러앉아 토론을 하던 중에, 신디는 자기가 왜 거기 와 있는지 잘 모르겠다고 말했다. 그녀는 믿음에 대해 많은 의심을 하고 있었고, 자기가 '그리스도인들의 행사'에 참여하는 모습을 상상할 수조차 없었다.

브룩이 입을 열었다. 그도 그녀의 말에 동감한다고 했다. 그도 자신이 왜 그 자리에 있는지 모르겠으며, 한마디도 하지 않겠다고 결심하고 있었다고 했다. 이쯤에서 당신은 아마 신디와 브록 사이에 강한 전류가 흐르는 것을 느낄 수 있었으리라. 나중에 신디는 이렇게 말했다. "깜짝 놀랐어요! 나는 그리스도인들의 모임에 왔으니 무엇을 믿어야 하는지 설교를 들을 줄 알았거든요. 그런데 내가 믿음이 없고, 의심하며, 많은 의문을 품고 있는 것이 당연하다고 하다군요. 정말 기분이 좋았어요!"

그 후 브록과 신디 두 사람은 매주 빠지지 않고 모임에 참여하였다. 그들은 모임 때마다 그들이 품고 있는 의심과 의문을 나누었고, 몇 주가 지나자 (아이러니하게도) 그들은 예수님에 대해 배우러 나오게 하는 일에 서로에게 가장 큰 영향을 끼치는 사람들이 되어 있었다! 그들이 자신의 질문을 다른 사람에게 솔직하게 말하고, 이 모임이 신앙 없이도 소속감을 느낄 수 있는 안전한 장소임을 확신하게 되자, 성령은 그들의 삶에서 자유롭게, 그리고 아주 강력하게 역사하셨다.

알파 코스가 중간쯤 진행되었을 때, 그 그룹은 함께 리트릿을 떠났다. 브록은 참가하지 않겠다고 했는데, 신디가 그를 끌고 왔다. 그들 두 사람은 성령님에 대한 가르침에 매료되었다. 리트릿 중에 토요일 밤의 사역 시간 (ministry session, 알파의 리트릿에서는 성령을 주제로 강의를 하며, 사역 시간에는 참가한 추구자들이 성령님의 임재를 체험할 수 있도록 기도를 받는다—역주)이 되자, 자살 충동과 싸우고 있던 신디는 우울증을 위한 기도를 받았고, 기쁨의 은사를 체험했다. 그 경험은 신디에게 긍정적인 영향을 끼쳤고, 그 후로 그녀의 영적인 추구는 좀더 적극적이고 의욕적이 되었다. 신디의 변화는 브록에게도 영향을 주었다. 신디는 자신이 변화된 순간을 정확히 말할 수는 없지만, 알파에 참여하던 그 몇 달 사이에 신앙을 가졌고 하나님을 신뢰하게 되었다.

신디는 파울라가 했던 것처럼 자신의 이야기를 그 다음 알파 코스의 출발 만찬에서 나누었다. 그리고 그녀는 브록도 오게 하였다. 브록은 자신이 중요한 역할로 등장하는 그녀의 이야기를 듣는 동안 마음이 녹기 시작했고, 그 이후로 좀더 적극적인 추구자가 되었다. 나중에 그 역시 믿음이 생긴 것을 알게 되었다.

누가 브록과 신디를 그리스도를 따르는 사람이 되도록 이끌었는가? 성령과 회의적인 추구자였던 그 두 사람을 제외하면, 그곳에는 팀으로 함께 일하던 한 공동체가 있었다.

피터가 그중 한 사람이다. 그는 훌륭한 행정가였다. 또한 그와 그의 아내는 환대의 은사가 있었다. 그들은 모임 때마다 환영의 분위기를 만드는 사람들이었다.

루도 그중 한 사람이다. 그는 기막힌 농담을 할 줄 알며, 전형적인 '홀리 롤러'(holy roller: 일부 오순절 계통의 신자들을 멸시적으로 부르는 말로, 집회 중에 황홀경을 경험하며 데굴데굴 구르는 장면에서 기인하였다-역주) 그리스도인이 아니다. 그는 어느 때라도 맥주 캔을 한 팩 들고 와서 마개를 딸 것 같은, 아무 때라도 담배를 꺼내 불을 붙일 것 같은 사람이다.

그중에는 호프도 있다. 그녀는 아름다운 공간을 만들고 좋은 음식을 제공하는 일을 즐긴다. 그녀는 연결의 은사가 있으며, 뒤에서 보이지 않게 사람들을 좋은 음식과 즐거운 이벤트로 섬기곤 한다.

또한 닐이 있다. 그녀는 훌륭한 이야기꾼이며 교사다. 그녀는 성경의 진리를 실제적이고 구체적인 이야기로 표현할 줄 안다. 당신은 곧 그녀를 좋아하게 되고, 그녀가 해주는 이야기를 즐겁게 듣게 된다. 그녀는 매주 진행되는 강의 시간을 인격적이고 유익한 시간으로 만들어준다.

그리고 크리스와 몰리가 있다. 그들은 부부이며 소그룹 인도를 좋아한다. 그들은 좋은 질문을 던지는 법을 알고 있다. 또 사람들이 무엇을 말하든 긍정적으로 들으며, 진리를 그들 자신의 삶의 체험에 비추어 설명할 줄 안다. 그룹의 추구자나 회의자가 전혀 뜻밖의 말로 도전해 와도 그들은 평정을 잃지 않는다. 그들은 아마도 이렇게 반응할 것이다. "참 흥미로운 말씀이군요. 다른 분들은 어떻게 생각하십니까?"

마지막으로 베스가 있다. 그는 리트릿 중 토요일 밤에 신디를 위해 기도했다. 그는 신디가 전 남자친구에게 받은 상처를 위해 기도하라는 성령의 신호를 느끼고 기도했으며, 하나님은 신디를 아주 깊이 어루만지셨다. 그녀의 우울증은 사라졌고, 얼굴이 환하게 변했다.

이 그룹에서 혹시 자신이 전도의 은사가 있을지도 모른다고 생각하는 유일한 사람은 베스였다. 그런데 그조차도 자신이 전도를 특별히 잘한다고 느끼지 않았다. 하지만, 하나님은 이 공동체를 사용하시어, 신디와 브룩을 믿음으로 이끄는 성령의 통로가 되게 하셨다. 나는 이 이야기가 후기 기독교 세계에서의 복음 증거의 모습을 잘 보여 준다고 생각한다.

왜 공동체인가?

오늘날 대부분 사람들은 공동체를 통해서 믿음을 가지게 된다. 공동체에 속하는 것이 믿는 것에 앞선다. 그러므로 오늘날의 전도는 사람들이 믿음으로 나아올 수 있게 하기 위해 먼저 공동체에 속하도록 돕는 일이 선행되어야 한다.

이렇게 회심의 과정에서 초점이 공동체로 이동하게 된 데는 몇 가지 이유가 있다. 가장 중요한 이유는 아마도 개신교 신앙이 지배적이던 문화가 포스트모던 문화, 후기 기독교 문화로 이동했다는 점일 것이다.

우리 문화의 가치와 신념은 좀더 이교적이고 덜 기독교적이 되었다. 제이 리노Jay Leno는 길거리를 돌아다니며 인터뷰를 한 결과, 사람들이 점점 성경에 대해 무지해지고 있음을 알게 됐다. 오늘날 사람들은 십계명이나 산상수훈이 무엇인지, 사도들이 누구인지, 또는 **하나님**, **죄**, **구원**이라는 말들의 성경적 의미가 무엇인지를 모르는 경우가 많다. 여기에 큰 아이러니가 있다. 사람들은 예전보다 기독교 신앙에 대해 잘 알지 못하고 있으면서도, 자신들이 기독교에 대해 잘 알고 있다고 생각하고, 그것을 원하지 않겠다고 결정해 버린 것이다.

영화 "시스터액트"에서 우피 골드버그Whoopi Goldberg는 가톨릭 학교에 다니는 여학생으로 나온다. 그녀는 학교에서 쫓겨나기 직전에, 열두 사도의 이름을 말해 보라는 테스트를 받는다. 그녀는 한 명을 맞춘다. "요한." 그리고 "바울"을 말한다. 바울은 열두 사도 중 한 명은 아니지만 그래도 사도이긴 하다. 그리고 잠깐 생각하더니, 다음 두 명을 찍는다. "조지와 링고!"(이들은 비틀즈의 멤버들이다). 그녀의 대답이 정말 우습긴 하지만, 아마도 그녀는 요즘 세상의 많은 사람보다 정답을 더 많이 맞추었을 것이다.

유대 기독교 언어와 세계관은 더 이상 대화의 전제가 될 수 없다. 그러므로 대화의 과정은 좀더 길어지고, 언어와, 개념과, 그리스도인이 된다는 것의 의미를 배우는 시간이 필요해지고 있다. 이런 학습은 오직 공동체 안에서만 일어날 수 있다.

과거에 우리는 회심이 매우 개인적이고 합리적인 과정이라는 개념을 가지고 있었다. 우리는 사람들에게 올바른 정보를 주고 즉각적인 결단을 요구했다. 그리고 그들이 믿음의 헌신을 결단한 다음에야 비로소 제자 공동체에 참여하도록 초청했다. 하지만 이제 우리는 처음부터 끝까지 공동체가 회심의 과정에 영향을 미치며 적극적으로 동참해야만 한다는 것을 알게 되었다.

사람들이 새로운 정체성을 받아들일 때는(이것이 회심 과정의 핵심이다), 언제나 그 정체성에 의미를 부여하는 공동체도 함께 받아들인다. 그리고 동시에 공동체의 일부를 구성하는, 새로운 언어와 개념의 틀을 채택하게 된다. 정체성, 공동체, 언어, 그리고 개념의 틀은 서로 너무도 밀접하게 관련되어 있어서, 회심의 과정에서 각각의 역할을 분리할 수 없다. 이와 같이 회심은 공동체에 들어와서, 언어를 배우고, 세계관을 받아들이는 일과도 연결되어 있다. 이런 차원들은 결코 고립되어 작용하지 않는다. 전부를 받아들이든지 모두를 거부하든지 둘 중 하나다.

하나님, **기도**, **경건**, **예배**, **고백**, **복종**과 같은 단어와, 우리가 말과 행동을 통해 신앙을 표현하는 모든 방식들은, 그 단어에 의미를 부여하는 공동체의 삶과 분리되면 아무런 의미가 없다. 회심은 기독교의 정체성을 이루는 언어와 그와 관련된 생활 방식을 배우는 것까지 포함한다. 그런 의미에서 회심의 과정과 제자도의 과정은 같은 것이다. **회심**은 그저 좋은 출발, 좋은 시작을 가리키는 용어일 뿐이다.

만약 일반적인 개신교 문화가 전제되어 있다면, 하나님, 기도, 예배, 성경, 죄 같은 단어의 의미 역시 어느 정도 널리 알려져 있을 것이다. 그런 배경에서라면, 전도자들은 빠진 조각들만 좀더 강조한 후 전도 대상자에게 바로 회심의 결단을 요구할 수도 있을 것이다. 하지만, 오늘날 그 과정에는 더 길고, 더 많은 가르침이 필요하다. 오늘날 회심은 외국어를 처음부터 배우는 것과 비슷한 일이 되었다. 그런 언어 학습은 진정한 그리스도인 공동체 안에서만 일어날 수 있다.

추구자 교회 운동은 빌리 그래함 같은 순회 전도자가 하던 일을 지역 교회의 일상적인 일로 만들었다. 그리하여 사람들은 공동체 속에서 그 언어를 배울 수 있었다. 그러나 그 결과로 생겨난 오늘날의 초대형 교회들은 언어를 배우기에는 이상적인 장소가 아닌 것 같다. 그래서 작은 교회로 돌아가자는 강력한 운동이 일어나고 있는데, 그 이유 중 하나는 진정한 그리스도인의 정체성을 나타내는 언어와 삶의 방식들을 배우려면, 아주 인격적이고 친밀한 연계성과 공동체가 필요하기 때문이다. 많은 초대형 교회들은 이런 친밀함과 언어 학습의 필요를 신자들의 소그룹, 추구자 소그룹, 회복 사역 그룹 등을 통해 충족시킴으로써 보완해 왔다.

교회가 이교적 혹은 비기독교적 문화에 접근할 필요가 있을 때마다 공동체는 회심의 과정에서 주된 역할을 담당해 왔다. 이처럼 사람들이 믿음을 가지기 전에 먼저 공동체에 소속되어야 한다면, 우리는 어떻게 이들이 공동체를 접하도록 이끌 수 있을까?

첫째로, 우리는 불신자들이 공동체에 입문할 수 있도록 마련된 활동들과 행사에 사람들을 초대할 수 있다. 알파, 추구자 소그룹, 방학 중 성경 학교, 영화 및 독서 토론회, 크리스마스 파티나 차를 마시는 모임, 추구자에게 초점이 맞추어진 특별 예배, 부부관계 세미나, 이혼이나 중독으로부터의 회복 세미나, 이런 것들은 모두 불신자들이 공동체에 들어오도록, 그리고 믿음을 가지기 전에 먼저 소속감을 느낄 수 있도록 도와줄 수 있다. 이런 입문 행사들은 가끔 있는 행사로 끝나서는 안 된다. 오늘날 사람들은 서로 소통하며 탐구할 수 있는 정기적인 기회들이 필요하다.

둘째로, 우리는 불신자들을, 가난한 사람들을 섬기고 정의와 화해를 위해 일하는 모임에 초대할 수 있다. 오늘날 사람들은 가난한 자들이나 깨어진 관계의 회복에 대해 진정한 관심을 기울이는 사람과 사역에 주목한다. 그리고 하나님은 언제나 이런 일들에 큰 관심을 두고 계신다!

'액시스Axis'는 윌로우크릭Willow Creek 교회의 X세대(20대) 사역을 일컫는 이름이다. 이제까지 이 사역팀의 가장 효과적인 봉사 활동 행사는 쉐인 클레이본Shane Claiborne을 초대하여 간증을 들었던 때였다. 쉐인은 테레사 수녀와 함께 일을 했었고, 이벤트에 초청받았던 시기에는 필라델피아에서 노숙자 사역을 하고 있었다. 그의 간증은 "흥분된 주말buzz weekend"이라는 프로그램 중에 있었는데, '액시스' 사람들은 일 년에 서너 번 이 프로그램을 통해 새로운 사람들을 초대하고 이후에 연결하는 사역을 한다.

그 시간에 쉐인은 테레사 수녀와 함께 일했던 경험에 대해 말을 했다. 그는 테레사 수녀의 발과 다리가 완전히 쪼그라들어 있었다고 말했다. 새 신발과 양말이 도착할 때마다 동료 수녀들이 그녀에게 주었지만, 그녀는 신발이 필요한 사람을 만나면 즉시 자신의 것을 벗어 주었기 때문이다. 그녀는 계속 낡은 신발만 신다가, 발이 상한 것이다.

그 이야기는 액시스 사람들의 마음을 감동시켰다. 예배의 마지막 부분에서 한 리더가 일어나 말했다. "우리는 오늘 들은 말씀에 대한 응답으로 여러분에게 한 걸음을 내디디라고 도전하고 싶습니다. 쉐인은 우리에게 가난한 사람들에게는 신발과 양말이 가장 필요하다고 말해 주었습니다. 우리 중에 자원하시는 분들이 있다면, 신발과 양말을 뒤편에 벗어두고 가십시오. 미리 예고된 일은 아니지만, 그저 말씀에 응답하고 싶습니다."

리더들은 50켤레 정도가 모일 것이라고 예상했다. 하지만 모든 순서가 끝나자, 900켤레의 신발과 양말이 강당 뒤편에 쌓였다! 강당을 나오면서 나는 믿음이 사람의 마음을 움직이고 변화시키는 데 얼마나 큰 힘을 갖고 있는지를 보며 큰 충격을 받았다. 추구자와 신자들이 모두 가슴으로 반응했고, 그 행사는 믿음에 앞서 하나의 소속감을 만들어 냈다. 그 행사의 파급 효과는 액시스 밖의 다른 윌로우크릭 교인들에게까지 전달되었다. 그 교회에는 젊은이들의 평상복 차림은 참을 수 있었지만, 수많은 젊은이들이 맨발로 걸어다니는 것은 봐 줄 수 없는 부류의 사람들도 상당수 있었기 때문이다!

대부분의 교회 지도자들은 가난한 자들에 대한 긍휼과 섬김에 대해 매우 개인적인 방법들만을 생각한다. 예를 들면, 일대일로 돌보거나 멘토링 관계를 맺는 것 등이다. 물론 이런 방법들도 좋다. 하지만, 공동체적인 측면에서 가난한 자들을 섬기고 화해의 길을 찾는 것 또한 매우 좋은 길이다. 기독학생회IVF는 매년 3월이 되면 봄방학 프로젝트로 수백 명의 학생을 파송하여, 해비타트Habitat for Humanity와 함께 가난한 사람들을 위해 집을 지어주는 사역에 참여하게 한다. 여기에 참여할 수 있는 유일한 자격 조건은 한 명의 추구자나 회의자 친구를 데려오는 것이다. 그들은 낮에는 가난한 사람들을 위해 집을 짓는다. 그리고 밤에는 가난한 사람들에 대한 예수님의 관심에 대한 성경공부 시간을 가진다. 교회들도 이런 종류의 일을 할 수 있다. 예를 들어, 추구자와 회의자를 선교 여행에 함께 데려갈 수도 있다. 하지만 먼저 고려해야 할 문제가 있을 것이다. 어떤 교회들은 추구자나 회의자를 '선교 사역'을 하도록 파송하는 것에 불편한 마음이 들 수도 있기 때문이다. 그런 교회의 경우, 사람들이 믿음을 갖기 전이라도 먼저 소속감을 경험할 수 있는 다른 방법을 찾아야 한다.

성령의 은사

성령의 복음 증거는, 우리가 지금까지 살펴본 것처럼 공동체 **안에서** 일어날 뿐 아니라 공동체를 **통하여** 일어나기도 한다. 성령은 하나님이 우리에게 주신 다양한 은사를 통하여 복음을 증거하신다.

전도를 못 하는 것에 대해 죄책감을 느끼고 전도를 생각만 해도 마음이 무거워지는 한 가지 이유는, 우리가 우리의 책임에 대하여 매우 개인주의적인 개념을 가지고 있기 때문이다. 우리는 대부분, 우리가 믿음을 나누려고 진지하게 생각한다면, 친구 관계를 만들어야 하고, 모르는 사람에게도 말을 걸어야 하고, 가정을 개방하여 음식을 대접하고 친교 모임을 하며, 불신자들과 성경을 공부하고, 복음을 설명하고, 그리스도를 영접하라고 권하며, 사후 관리를 해야만 한다고 생각한다. 더구나 우리는 우리가 직접 이 모든 일을 해야 한다고 생각한다. 이렇게 뿌리 깊은 개인주의적인 관점이 복음 증거뿐 아니라 다른 모든 그리스도인의 의무에 대한 전반적인 생각을 물들이고 있다.

그러나 성경적인 관점은 근본적으로 다르다. 성경의 저자들은 **몸으로서의** 전도에 관해 더 많이 생각했다. 우리 각 사람은 성령으로 충만하여 예수님과 함께 살고, 예수님의 이름으로 섬기고자 각자가 맡은 부분을 담당한다. 우리는 성령이 주시는 은사에 따라 협력하여 일한다. 이것이 추구자와 회의자를 향한 사역을 포함한 모든 사역들에 대하여 신약 성경이 가르치는 바다.

신약 성경에는 증거하는 개인이 되라는 말씀보다는, 증거하는 공동체가 되라는 말씀이 훨씬 더 중심에 자리한다. 사실 신약 성경에는 개인을 향해 복음을 전하라고 명령하는 말씀이 거의 나오지 않는다. 우리는 "너희 속에 있는 소망에 관한 이유를 묻는 자들에게 대답할 것을 항상 준비하고 있으라"(벧전 3:15)는 권고를 받는다. 또한, 바울은 교회들에게 자신이 사도로서 말씀 선포 사역을 잘 감당할 수 있도록 항상 기도해 달라고 부탁한다(살후 3:1). 그러므로 우리는 전도에 특별한 은사를 받은 사람을 위해 기도하라는 요청을 받았다. 그 외에 우리의 주된 책임은 그리스도의 몸 안에서 우리 자리를 지키며, 각자가 받은 성령의 은사에 따라서 교회의 복음 증거 사역에 이바지하는 것이다. (전도에 대한 개인의 책임을 말할 때, 우리말 성경 디모데후서 4:2의 "너는 말씀을 전파하라. 때를 얻든지 못 얻든지 항상 힘쓰라"라는 말씀도 많이 인용되지만, 이 본문의 '말씀 전파' 명령은 목회자였던 디모데에게 주어진 명령이며, 또한 설교자와 교사로서의 사역에 더 가깝다. —역주)

바울은 이렇게 가르친다.

우리에게 주신 은혜대로 받은 은사가 각각 다르니, 혹 예언이면 믿음의 분수대로, 혹 섬기는 일이면 섬기는 일로, 혹 가르치는 자면 가르치는 일로, 혹 위로하는 자면 위로하는 일로, 구제하는 자는 성실함으로, 다스리는 자는 부지런함으로, 긍휼을 베푸는 자는 즐거움으로 할 것이니라(롬 12:8).

바울의 말은 우리 각자가 대답해야 하는 두 가지 질문을 내포하고 있다.

1. 당신의 영적인 은사는 무엇인가?
2. 당신의 믿음의 분량은 어느 정도인가?

당신의 영적인 은사를 믿음의 분량을 따라 사용하라. 이 도전은 복음 증거뿐만 아니라 교회 봉사 활동의 모든 영역에 적용된다. 사실은 복음 증거를 위해 당신이 가장 잘 기여할 수 있는 부분은 당신이 가진 은사의 영역이다.

당신이 하나님의 음성을 잘 들으며, 사람들을 위해 효과적으로 기도할 수 있다면, 그것이 당신이 공동체의 복음 증거 사역에 가장 크게 기여할 수 있는 영역이다.

당신이 격려자라면, 그것이 당신이 공동체의 복음 증거 사역에 가장 크게 기여할 수 있는 영역이다.

당신이 전도를 잘 하는 사람이며 사람들을 예수님께 헌신하도록 이끄는 일에 특별한 은사가 있다면, 그 은사가 당신이 공동체의 복음 증거 사역에 가장 크게 기여할 수 있는 영역이다.

당신이 환대의 은사를 지녔다면, 그것이 당신이 공동체의 복음 증거 사역에 가장 크게 기여할 수 있는 영역이다.

당신이 훌륭한 행정가이며 기획자라면, 그것이 당신이 공동체의 복음 증거 사역에 가장 크게 기여할 수 있는 영역이다.

이제 핵심을 이해하였는가? 당신의 영적인 은사는 무엇인가? 당신의 은사가 당신이 속한 공동체의 복음 증거 사역에 가장 잘 기여할 수 있는 방법은 무엇인가?

여기서 나는 특별히 지도자들을 위해 한마디를 덧붙이고 싶다. 당신의 고유한 역할은 전체 교회, 혹은 선교 단체가 몸으로서의 전도라는 비전을 품도록 이끄는 것이다. 당신이 모범을 보이고, 비전을 제시하고, 과업을 분명히 하고, 사람들이 교회의 복음 증거 사역에 기여하도록 돕지 않는다면, 아마도 당신의 공동체를 통해 그리스도를 알게 되는 사람은 거의 없을 것이다. 긍정적으로 표현하자면, 당신이 지도자로서 할 수 있는 가장 전략적이고 변혁적인 일은 당신의 교회가 몸으로서의 복음 증거라는 비전을 세워 그것을 전략으로 삼고, 그 실행 구조를 세우는 일일 것이다.

교회가 전도하도록 하기 위해, 반드시 당신이 전도에 은사가 있어야 할 필요는 없다. 당신은 단지 지도력의 은사만 있으면 된다. 그것이 당신에게 주어진 성령의 은사다. 당신은 디모데와 같은 역할을 감당해야 한다. [그는 상대적으로 나이가 어린 축에 들었고, 경험이 부족했으며, 안정감이 없는 목회자요 교사였지만, 바울은 그에게 "전도자의 일을 하라"(딤후 4:5)고 권고했다.] 디모데는 일차적으로 지도자이며 교사였다. 그러나 그의 역할은 전체 공동체가 전도에 참여하도록 이끄는 것이었다. 그러므로 지도자들이

여, 앞장서서 이끌라. 당신의 교회나 선교 단체를 몸으로서의 증거라는 비전을 향해 이끌어 가고, 모든 사람이 자신의 역할을 발견하도록 도우라.

한 몸으로 일하기

나는 오랫동안 다양한 전도 사역팀과 함께 일하면서, 전도에 사용될 때 강력한 공동체적 복음 증거를 낳을 수 있는 여섯 가지 핵심적인 은사 영역들을 발견했다. 결정적으로 중요한 점은, 사람들이 자신의 은사를 발견하고 자신이 어떻게 공동체의 복음 증거에 기여할 수 있는지를 알게 하여, 성령이 그들을 각자의 은사 영역에서 사용하실 수 있게 하는 일이다. 만일 교회가 하나님의 전도 전략(하나님이 주신 은사를 통해 전체 공동체가 증거하게 하시는 것)을 바르게 깨닫는다면, 전도에 대한 우리의 그림과 방법은 변화될 것이고, 사람들은 불필요한 부담을 벗고 자유를 경험할 것이다.

다음은 성경과 경험을 통해 발견하게 된 여섯 가지 은사의 영역들이다. 하나님은 이런 은사들을 사용하시며, 한 몸이 되어 팀워크로 복음을 증거하게 하시기를 무척 좋아하시는 것 같다.

1. **기획력과 지도력.** 기획력organizing과 지도력의 은사(행정력의 은사도 여기 포함된다)를 가진 사람을 위한 핵심 질문은 이것이다. **나는 지도력의 은사를 가지고 전체 공동체의 전도를 어떻게 돕고 있는가?** 이 은사 영역은 로마서 12:8과 고린도전서 12:28에 언급되어 있다. 지도자들은 공동체의 생명력 있는 복음 증거를 위해 비전을 제시하고, 한 몸이 되어 증거할 수 있는 전략을 만드는 과정을 주도하며, 공동체적인 복음 증거를 위해 모든 사람

이 자신의 은사와 그 은사를 통해 기여할 부분을 찾도록 돕는다.

2. **전도와 구비**. 전도를 위해 구비시키는 사람들을 위한 핵심 질문은 이 것이다. **나는 전도의 은사로써 다른 사람들도 이 경기에 참여하도록 어떻게 돕고 있는가?** 이 은사는 에베소서 4:11에 언급되어 있다. 전도자의 은사는 다른 지도력의 영역, 즉, 사도 선지자 목사/교사의 은사와 함께 묶여 있음을 주목하라. 지도력과 관련된 이런 은사들의 주된 목적은 성도들을 봉사의 일을 위해 준비시키는 것이다. 당신이 에베소서 4장이 말하는 의미의 전도자라면, 당신은 개인적으로 복음을 증거할 뿐 아니라, 더 나아가 다른 사람도 복음 증거에 참여하도록 도울 것이다. 너무도 자주, 교회나 선교 단체들이 전도 담당 사역자를 찾을 때, 그 사람이 전도를 잘 하는지만 볼 뿐이지, 다른 사람이 전도하도록 돕는 일까지 잘 할 수 있는지는 고려하지 않는다. 우리는 모두가 경기에 참여하도록 돕는 것을 주도할 수 있는 전도 분야의 **지도자**와 **구비자**가 필요하다. 당신이 그러한 지도자라면, 당신은 팀의 핵심이 되어 사람들에게 동기를 부여하고 전도 훈련을 제공하고 있을 것이다. 당신은 아마도 추구자와 회의자의 질문을 가장 잘 이해할 수 있을 것이며, 그 질문들을 믿을 만하고 설득력 있게 대답함으로써 가장 크게 에너지를 충전받을 것이다. 마지막으로, 당신은 사람들이 그들의 여정의 적절한 시점에서 예수님을 따르는 결단을 내리도록 권하는 일에 크게 동기 부여를 받을 것이다.

3. **환대와 격려**. 환대와 격려의 은사를 가진 사람들을 위한 핵심적인 질

문은 이것이다. **나는 어떻게 환대와 격려를 통해 교회 밖의 사람들에게 다가가고 있는가?** 이 은사 영역은 로마서 12:8-13에 언급되어 있다. 환대와 격려는 아마도 후기 기독교 문화에서 사람들의 깨어진 신뢰를 회복시키는 일에 가장 먼저 중요하게 사용되는 은사일 것이다. 격려와 환대의 은사를 지닌 사람은 다른 사람들이 편안한지, 잘 적응하고 있는지를 아주 민감하게 느낀다. 이런 은사는 오늘날 추구자들의 삶에 하나님이 쓰시는 '공동체에 대한 소속감'을 세워가는 첫 단계에서 아주 중요하다.

4. **목회적 돌봄과 가르침.** 목사와 교사들을 위한 핵심적인 질문은 이것이다. **나는 관계 맺는 은사와 가르치는 은사를 추구자와 회의자를 위해 어떻게 사용하고 있는가?** 이 은사 영역은 로마서 12:7, 고린도전서 12:29, 그리고 에베소서 4:11에 언급되어 있다. 목회적 돌봄과 가르침은 하나로 묶여, 교회를 온전하게 준비시키는 다른 지도력의 은사들과 함께 분류되어 있다. 공동체의 복음 증거 사역에서 목회자/교사는 추구자와 회의자가 참여한 소그룹을 인도하고, 그 그룹에 말씀을 전하는 데 특별히 중요하다. 오늘날의 사람들은 헌신하기 전에 먼저 소통할 공동체가 필요하고, 안전하게 질문을 던지고 의심을 표현할 수 있는 환경이 필요하다. 그러므로 현대 사회에서는 아마도 소그룹이 대부분 교회의 증거 사역의 중심 구조가 될 것이다. 그러므로 관계 맺는 기술이 있고 생동감 있고 유익하게 토론을 이끄는 사람들은 공동체의 복음 증거 전략에서 주전 선수가 된다.

5. **기도, 말씀, 능력.** 개인 기도와 기도 사역의 은사를 가진 사람들을 위

한 핵심 질문은 이것이다. **나는 기도의 은사를 추구자와 회의자를 섬기는 사역에 어떻게 사용하고 있는가?** 이 은사 영역은 고린도전서 12:7-10, 28-31에서 특별하게 언급되며, 로마서 12:6과 에베소서 4:11('선지자')에도 나타난다. 오늘날 사람들은 영적인 체험에 매우 관심이 많고, 하나님이 실재하심을 인격적으로 체험하고 싶어한다. 우리 문화는 점점 이교적이고 영성적으로 되어가고 있으므로, 영적인 여정에서 기도를 통해 성령의 말씀과 치유가 사람들에게 전해지는 것이 더욱 중요한 부분이 되고 있다.

6. **봉사와 긍휼.** 이 은사를 가진 사람들을 위한 핵심적인 질문은 이것이다. **나는 봉사와 긍휼의 은사로 예수님을 모르는 사람들이 복음을 신뢰하도록 돕고 있는가?** 이 은사 영역은 로마서 12:7-8과 고린도전서 12:28(서로 돕는 것)에 언급된다. 넘쳐나는 말과 마케팅에 싫증을 느끼는 이 세상에서, 긍휼과 정의의 사역과 가난한 자들을 위한 봉사는 복음의 진정성을 드러내는 가장 중요한 증거다. 오늘날 사람들은 우리의 메시지가 삶으로 드러나고 변화를 일으킬 때, 하나님의 실재를 알게 될 것이다. 봉사와 긍휼의 은사를 가진 사람은 봉사를 통해 신뢰를 쌓을 뿐 아니라, 또한 우리 모두를 가난한 자를 향한 봉사와 동정의 사역으로 이끌어 줄 수 있다.

나는 이런 은사들이 모여서 팀을 이루게 되면, 공동체를 통한 복음 증거가 강력하게 일어날 수 있음을 경험적으로 알게 되었다. 만일 당신의 공동체가 지도자/행정가, 훈련가/동기부여자, 환대의 사람, 좋은 소그룹 인도자, 기도의 사람, 그리고 봉사/긍휼의 사람을 가지고 있다면, 당신은 강력한 힘을 발휘할 팀을 소유한 것이다.

이런 은사들과 사람들을 온전히 갖추지 못했을 때에는 어떻게 해야 하는가? 당신이 이미 소유한 것을 가지고 출발하라. 그리고 당신에게 필요한 부분을 채워 달라고 하나님께 간구하라.

마지막 은사 한 가지는 종종 무대 뒤에서 작용하며, 매우 중요한 능력 부여의 역할을 한다.

7. **베풂.** 베푸는 사람을 위한 핵심적 질문은 이것이다. **나는 베풂을 통해 온 교회가 불신자들을 향해 나아가는 것을 어떻게 돕고 있는가?** 이 은사의 영역은 로마서 12:8에 언급되어 있다(개역개정판 성경에는 '구제하는 자'로 번역되어 있다—역주). 빌립보서 4:14-19에서 바울은 빌립보 교인들이 사도인 자신의 협력자가 됨으로써 어떻게 말할 수 없는 기쁨과 격려를 주었는지 고백한다. 베푸는 자로서 어디에 베푸는 것이 좋을지 판단하는 분별력과, 공동체의 복음 증거를 축복하고 격려할 수 있는 역량이 있다. 예수님을 모르는 사람들을 향해 복음이 울려 퍼지게 하는 일에 당신의 은사와 관대함을 사용하라. 얼마나 놀라운 기회인가!

성령 충만

하나님이 당신을 위해 좀더 많은 것을 준비하고 계시다는 느낌이 들던 적이 있는가? 당신은 성령으로 충만해질 것과, 사역과 복음 증거를 위해 새롭게 기름부음 받을 것을 구한 적이 있는가? 당신은 당신의 영적 은사를 복음 증거를 위해 사용해 달라고 하나님께 간구한 적이 있는가?

야고보는 "얻지 못함은 구하지 아니하기 때문"이라고 말한다(약 4:3). 누가복음에서 예수님은 "하물며 너희 하늘 아버지께서 구하는 자에게 성령을 주시지 않겠느냐!"(눅 11:13)라고 말씀하신다. 그리고 바울은 디모데에게 "나의 안수함으로 네 속에 있는 하나님의 은사를 다시 불일듯하게 하라"(딤후 1:6)고 도전한다.

여러 세대를 통해 성도들은 이를 위해 간구해야 한다고 말해 왔다. 19세기의 위대한 전도자 무디Dwight L. Moody는 오랫동안 자신이 열매도 없고 성령의 충만함도 없다고 느끼며 불만과 초조함 가운데 지냈다. 그러던 중 1871년 시카고 대화재 사건으로 큰 건물을 잃게 된 무디는, 자기 자신마저도 포기할 지경에 이르렀다. 탈진하고 낙심하여 더는 사역을 하고 싶지 않았다. 그는 뉴욕의 월스트리트를 따라 걸으며 하나님을 향해 부르짖고 있었다. 그때 하나님은 그를 만나주셨고 충만케 하셨다. 나중에 그는 이렇게 기록했다. "아, 정말 놀라운 날이었다! 설명할 수가 없다. 나는 거의 그 일에 대해 말하지 않는다. 이름을 붙일 수 없을 정도로 너무도 신성한 일이었다(바울도 14년 동안이나 말을 할 수 없었던 경험을 했다). 나는 그저 하나님이 자신을 내게 드러내셨다고 말할 수 있을 뿐이다. 나는 하나님의 사랑을 너무도 강력하게 경험했기에 하나님께 그만 손을 멈추시라고 외쳐야만 했다." 나중에 그의 한 친구는 무디의 인식에 대해 이렇게 말했다. "하나님이 그에게 복을 쏟아부어 주셨다. 그는 **의식이 깨어 있는 채로** 영혼 속으로 성령의 임재와 능력이 침입해 오는 경험을 하였는데, 이것은 그가 이전에는 도무지 알지 못했던 일이다." 무디는 그 사건을 회고하며, 그것이 그가 풍성한 열매를 맺으며 광범위한 영향력을 끼치도록 능력을 입게 된 결정적인 순간이라고 말했다.

좀더 우리와 가까운 시대의 예를 들어 보자. 24/7기도 운동의 창시자이자 문화 이동(Culture Shift: 새롭게 나타나는 문화 속에서 교회를 실험하는 사람들의 네트워크)의 지도자인 피트 그레이그Pete Greig는 이와 똑같으면서도 새롭고 더 깊은 능력 부여의 경험을 이야기해 준다. 그레이그는 회상한다. "유럽의 남서쪽 끝에 있는 세인트빈센트 곶의 절벽에 서서 장엄한 광경을 보고 있을 때만 해도, 나는 이제 곧 내 삶에 변화가 일어나리라고는 전혀 상상하지 못했다." 그는 이어서 성령이 자신을 충만하게 하셨고, 모든 나라로부터 젊은이들이 일어나 기도하고 복음을 위해 수고하는 환상을 보았다고 말한다. 24/7 기도 운동은 이러한 충만케 하시는 체험에서 나왔다. 이 운동은 기도실(그들이 보일러실이라고 부르는)을 마련하고, 그곳에서 수 세기 전 모라비안들이 고안한 방식에 따라 스물네 시간 기도를 이어가는 운동이다. 이 운동을 움직이는 심장은 성령 충만을 통해 경험하는 예수님과의 친밀함이다.

우리의 은사는 무디나 그레이그가 경험한 수준으로 지도력이나 영향력을 발휘하는 것은 아닐 수도 있다. 하지만, 우리는 모두 하나님의 영의 임재와 능력을 더 깊이 지속적으로 공급받아야 할 필요가 있다. 많은 사람이 그런 방식으로 성령 충만과 능력을 전혀 구하지 않는다.

당신은 어떠한가? 당신은 의식이 깨어있는 상태로 경험하는 성령의 충만케 하심을 간구해 본 적이 있는가? 이런 충만을 통해 성령은 당신의 은사를 풀어놓으시고 다른 사람을 위해 섬기게 하신다. 당신은 성령 충만을 찾고 두드릴 것인가? 하나님의 영의 능력을 덧입어 사역하는 사람들을 찾아가고, 하나님의 충만케 하심을 바라며 그들에게 안수를 받을 것인가? 성령 충만에 대해 우리는 삶이나 일반적인 사역을 생각하는 것과 마찬가지로, 개인주의적인 방식으로 생각하기 일쑤다. 그래서 우리는 하나님께 은밀하게 개인적으로 간구한다. 그러나 하나님은 공동체를 통하여 일하시고, 안수를 통해 사람들을 성령 충만케 하신다. 당신은 하나님의 영으로 충만케 해 달라고 간구하겠는가? 하나님을 모르는 사람들을 향해 나아가는 일에서 당신의 몫을 다할 수 있는 팀이나 복음 증거 공동체를 달라고 하나님께 간구하겠는가?

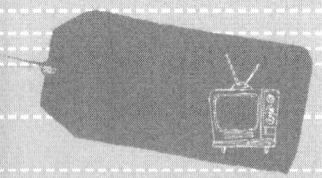

한 가지 놀라웠던 것은, 그가 함께 일했던
스물한 명이 모두 하나님을 믿고 있었다는 점이다.
무신론자는 아무도 없었다.

4. 영적 우정의 기술

대니얼은 한 대형 교회에서 20대 사역을 하고 있었다. 그러던 중 그는 자기 친구들이 모두 교회 친구들뿐임을 발견하게 되면서 좌절감을 느끼기 시작했다. 그런 감정은 시간이 지날수록 점점 더 커졌다. 그에게는 이미 예수 그리스도를 알고 따르는 사람들 외에는 영적인 친구들이 아무도 없었다. 어느 날, 그는 스타벅스에 앉아서 하나님께 부르짖었다. "하나님, 제가 영적인 여정에서 친구가 되어줄 수 있는 사람들을 어디에서 발견할 수 있습니까? 우리 세대의 사람들이 모여드는 곳이 어디입니까? 영적인 것에 관심이 있으면서도 하나님으로부터 소원한 사람들을 어디서 찾을 수 있습니까?" 그 순간 대니얼은 갑자기 눈이 열리는 경험을 하였다. 그는 주위를 둘러보았고, 그가 찾던 이들이 스타벅스에 있음을 깨달았다. 바로 그곳에 그의 세대에 속한, 대부분 교회에 다니지 않는, 많은 사람이 있었던 것이다.

그래서 그는 하나님께 스타벅스에서 몇몇 사람들과 친구 관계를 맺을 수 있도록 도와 달라고 간구했다. 그는 곧 하나님의 응답을 감지하고 깜짝 놀랐다. 하나님은 그에게, 스타벅스에서 그저 빈둥거리며 커피만 마시며 신뢰를 쌓으려 하지 말고, 거기 취직하여 같이 일하는 사람들과 좀더 친밀하고 개인적인 영적 친구 관계를 맺으라고 하시는 것 같았다.

그는 자기 상관인 목사님에게 가서 스타벅스에서 일할 수 있는 시간을 달라고 요청했다. 놀랍게도 그녀는 그의 생각을 흔쾌히 받아들였고, 목사님의 축복 기도를 받고 그는 계획을 실행에 옮겼다. 스타벅스에서 그가 배운 것은 믿음을 나누는 일에 대한 그의 이해를 완전히 바꾸어 놓았다.

스타벅스 세대

일단 일을 시작한 뒤에 대니얼은 한두 달을 신뢰를 형성하는 데 보내고, 그 다음에는 복음을 전하며 에스프레소 바 뒤에서 사람들에게 세례를 주겠다고 계획했다. 그는 사람들에게 필요한 것은 괜찮은 그리스도인과의 관계일 뿐이라고 생각했고, 그 후에는 복음을 잘 설명하기만 하면 될 것이라고 생각했다. 하지만, 친구 관계를 통해 그가 발견한 것은 아주 달랐다.

한 가지 놀라웠던 것은, 그가 함께 일했던 스물한 명이 모두 하나님을 믿고 있었다는 점이다. 무신론자는 아무도 없었다. 그들의 삶과 태도, 그리고 사회의 일반 문화가 주는 인상 때문에 그는 많은 사람이 하나님에 대해 적대적일 것이라고 예상하고 있었다. 그러나 그들은 모두 하나님과 영성에 대해 아주 긍정적인 생각을 하고 있었다.

두 번째로 놀라웠던 것은, 그들 모두가 영적인 일에 관해 대단한 관심을 보이고 있었지만, 그리스도인이나 기독교나 교회에 대해서는 흥미가 없다는 사실이었다. 아무도 대니얼이 말해 주는 하나님이 존재한다는 증거나, 교회에 오라는 초대나, 구원을 받는 방법에 대해 들으려 하지 않았다. 대부분이 자신은 기독교가 무엇에 관한 것인지 알고 있으며, 그것을 원하지 않기로 결정을 내렸다고 생각하고 있었다. 한 마디로, 그들은 후기 기독교적인 사람들이었다. 삶의 어느 시점에서, 그들 각자는 기독교에 대한 신뢰가 깨지는 경험을 하였다. 아마도 그리스도인 친구가 위선적이거나 독단적이었거나, 어렸을 때 교회에 나갔다가 지루하고 와 닿는 것이 없다고 느꼈거나, 텔레비전 설교자들에게 혐오감을 느끼게 되었을지도 모른다. 혹은 가까운 사람의 죽음, 성폭행, 다른 비극적인 상처를 받았는데, 그 순간 하나님이 멀리 계시고 자신을 돌아보지 않았다고 느꼈을 수도 있다.

대니얼은 함께 일하던 직원에게 하나님과의 관계에 관해 어떻게 느끼는지 물었던 때를 아직도 생생하게 기억하고 있다. 그녀는 그를 바라보더니 갑자기 쏘아붙였다. "열네 살 때 내가 강간을 당했던 그 순간 하나님이 어디에 있었는지 알고 싶어."

대니얼은 충격을 받아 할 말을 잃었다. 그런 상황에서 당신은 무슨 말을 할 수 있겠는가? 그녀는 깊은 곳에서부터 하나님에 대한 신뢰가 깨어진 개인적인 경험이 있었다.

사람에 따라 문제의 종류는 달랐지만, 스타벅스에서 일하던 거의 모든 사람들은 그와 같이 하나님이나 그리스도인과의 관계에서 신뢰가 깨어진 경험이 있었다. 대니얼은 1층이 아니라 지하 3층이나 4층에서 시작해야만 했다. 즉, 그는 먼저 그들이 가진 고정 관념을 깨뜨리고 무너진 신뢰를 회복해야만 했다. 그 후에야 그가 말하려는 것을 듣게 할 수 있었다.

일 년 반 후에, 대니얼은 많은 변화가 일어난 것을 보면서 스타벅스를 떠났다. 그는 스타벅스의 사제가 되어 있었고, 그의 동료들은 그들의 삶 속에 영향을 미친 그에게 감사하게 되었다. 그들은 대니얼과 함께 영적인 일들에 대한 건전한 농담도 하게 되었다. 심지어 어느 날 그가 스타벅스에 왔을 때, 그는 동료들이 서로 누가 가장 어처구니없는 죄를 그에게 고백할 수 있는지 경쟁하는 것을 보았다.

이런 소득과 함께, 대니얼이 가진 전도에 대한 관점에도 변화가 일어났다. 그가 배운 가장 큰 교훈은, 이 세대의 사람들과 의미 있는 영적 대화로 들어가려면, 먼저 이들이 가진 신뢰에 관한 질문을 다루어야만 한다는 것이었다.

먼저 다루어야 할 신뢰에 관한 질문

나는 전도를 영적인 여정에 있는 친구와의 대화라고 재정의했다. 그것은 세일즈 계약을 성사시키는 일보다는, 여행하는 길에서 대화를 나누는 일에 더 가깝다. 우리는 세일즈맨이 아니라 여행 안내자다.

오늘날 우리 문화의 많은 사람은 그리스도인이나 교회나 하나님에 대한 신뢰가 깨어져 있다. 많은 사람이 후기 기독교적인 태도를 지니고 있다. 그들은 예수님과 교회와 그리스도인들에 대해 잘 알고 있다고 생각하며, 다시는 관심을 두지 않기로 마음먹었다.

어떻게 끊어진 신뢰의 다리를 다시 이을 수 있을까? 어떻게 진지하고 변혁적인 대화가 일어나는 영적인 우정을 만들어 갈 수 있을까?

여기 그 열쇠가 있다. 우리는 영적 우정을 세워 가는 **과정**에 좀더 헌신하되, 관계나 대화를 진행하는 기술에 관해 우리 머릿속의 대본이 아니라, 성령과 그분이 하시려는 일에 초점을 맞추어야 한다.

이것은 우리 친구들이 예수님을 따르는 사람이 되게 만들고 싶은 욕구를 포기하라는 의미인가? 우리는 의도적으로 영적인 친구 관계를 맺고 영적인 대화를 나누는 것을 포기해야 하는가? 전혀 그렇지 않다. 단지 이 모든 것이 어떤 식으로 진행되어야만 한다고 지시하는 머릿속의 대본을 포기하는 것이다. 진정한 친구가 되는 일과, 사람들이 하나님을 향해 움직이게 하려는 의도로 행동하는 것을 분리하는 것은 잘못된 이분법이다. 우리가 사람들을 진정으로 염려한다면, 우리는 그들이 영적인 부분을 포함한 삶의 모든 부분에서 최상의 것을 누리기를 바랄 것이다.

진정한 우정을 맺기

진정한 우정은 공통의 관심사를 나누는 데서 시작된다. 당신이 좋아하는 활동은 무엇인가? 야구 경기? 비디오 게임? 문학과 글쓰기? 독서? 장기? 보트 타기? 야구? 영화? 꽃 가꾸기? 목록은 얼마든지 계속될 수 있다. 그리스도인들은 대개 자기가 좋아하는 활동에 충분한 시간을 보내지 않는다. 그러다 보니 그들은 하나님으로부터 소원한 사람들과 친구 관계를 맺을 수 있는 최고의 기회를 자주 무시한다. 그들은 취미 활동을 하지 않거나, 또는 하더라도 다른 그리스도인들과만 함께 한다.

내 교회 친구인 마이클은 골프를 좋아한다. 그는 사람들을 회심시키려고 골프를 치는 것은 아니다. 그는 골프를 좋아해서 골프를 치는 사람이다.

마이클은 추구자나 회의자들과 함께 골프를 치는 것을 좋아한다. 그러나 그는 하나님으로부터 소원한 사람들과 사귀려고 스리섬(threesome : 골프에서 한 사람이 두 사람과 겨루는 게임-역주)이나 투섬 게임을 한다. 그와 다른 친구들은 추구자, 회의자와 함께 골프를 치는 것이 흥미롭고 즐거울 뿐 아니라 또한 하나님 나라의 목적을 위해서도 유익하다는 결론을 내렸다.

마이클은 골프를 치는 동안 전도하려고 하지는 않는다. 그냥 골프를 칠 뿐이다. 그러나 그리스도를 따르는 것은 그의 개인적 정체성의 가장 중요한 요소다. 그러므로 그의 믿음은 골프를 치는 동안에도 자연스럽게 드러난다. 그는 좋은 골퍼이며 따뜻한 사람이다. 그래서 마이클과 골프를 치는 사람들은 자연히 그리스도께로 이끌리게 된다.

우리도 모두 마이클같이 될 수 있다!

나는 또한 윌로우크릭 교회의 담임 목사인 빌 하이벨스Bill Hybels를 떠올리게 된다. 그의 설교를 계속 들어 온 사람들은 잘 알겠지만, 그는 매년 여름 보트를 타고 항해를 떠난다. 그가 항해를 하는 이유는 단지 전도하기 위해서가 아니다. 무슨 일이 생겨도 그는 보트를 타고야 말 것이다. 항해하는 것을 무척 좋아하기 때문이다. 그러나 매번 그는 그리스도인들이 아니라, 추구자, 회의자들과 함께 항해를 하기로 선택한다. 빌과 항해를 하는 사람들은 좋은 항해사가 될 뿐 아니라, 또한 그리스도께로 이끌리게 된다!

그러므로 창의적으로 생각하는 시간을 잠시 가져 보라. 자신에게 다음 두 가지 질문을 던지라.

1. 내가 좋아하는 활동은 무엇인가?

2. 내가 좋아하는 활동을 예수님을 아직 모르는 사람과 함께 할 수 있는 방법은 무엇일까?

간단한 질문이지만, 이 질문들은 당신의 삶을 변화시킬 수 있고, 성령께서는 당신을 사용하셔서 다른 사람들의 삶에 영향을 끼치시도록 기회를 드릴 수 있다.

진정한 우정을 발전시켜 가는 과정에서, 당신은 자신이 가진 위대한 자산이 무엇인지 깨닫고 놀라게 될 것이다. 그것은 당신의 인간성humanity이다. 즉, 당신의 연약함과 회의와 질문이다. 오늘날 대부분의 사람은 당신이 가진 대답에는 처음부터 관심을 두지 않는다. 그러나 당신의 질문과 고민에 대해서는 즉각적으로 공감할 것이다. 당신의 자녀가 곤경에 처했던 적이 있는가? 당신 자신의 존재 가치를 의심해 본 적이 있는가? 신체적인 문제나 실패감으로 고민해 본 적이 있는가? 지금도 깊이 후회하는 일들이 있는가?

교회 안에서 우리는 종종 우리의 가장 큰 강점이 승리와 성공의 이야기라고 생각한다. 이런 면에서 모든 조건들을 갖추지 않았다면, 다른 사람들에게 자신의 신앙을 드러내는 것조차 주저한다. 전도 훈련을 할 때도, 우리는 사람들에게 올바른 답을 알려주도록 훈련하는 데는 많은 시간을 할애하지만, 사람들이 하나님과 타인과 자신에 대해 올바른 질문을 던지는 법을 가르치는 데는 소홀하다. 우리는 지금까지 모든 것을 반대로 해 온 셈이다. 하지만, 사람들이 우리도 그들과 같은 고민을 하고 있음을 느끼게 되면, 그들은 우리를 받아들일 것이다. 우리가 우리의 인간성을 나눈다면, 그들은 우리와 동질감을 느끼게 될 것이다.

요즘 같은 세상에서는 동질감을 느끼는 것이 영향력을 끼치는 것에 앞선다. 우리도 그들과 같은 의문과 고민을 품고 있다고 느끼지 않는 한, 사람들은 우리가 제시하는 대답에 대해 흥미를 느끼지 않는다. 인간이 되는 것이 전문가가 되는 것보다 훨씬 더 중요하다!

그러므로 당신은 전도에 필요한 가장 뛰어난 강점을 이미 가지고 있다.

- 당신이 좋아하는 활동
- 당신의 고민과 의심과 질문

당신이 전도를 못 하도록 가로막는 가장 큰 장애물은 무엇인가?

- 불신자들과의 진정한 영적 친구 관계가 부족하거나 전혀 없음
- 당신의 고민을 나누지 못하게 만들고, 하나님이 당신의 영적 친구들의 삶 속에서 실제로 행하시는 일에 협력하는 것을 가로막는, 머릿속에 들어 있는 '올바른' 전도에 관한 대본

당신이 오랫동안 그리스도인으로 살아왔다면, 당신은 아마도 하나님으로부터 소원한 사람들과는 거의 참된 우정을 맺지 못하고 있을 것이다. 대부분의 장기長期 신자들은 그런 처지에 있다.

그리고 만일 당신이 전도 훈련을 받은 적이 있거나, 주위 사람으로부터 배웠다면, 당신은 아마도 전도에 관해 무엇을 말해야 하고, 대화는 어떻게

해야 하는지 지시해 주는 대본을 가지게 되었을 것이다. 안타깝게도 그 대본은 당신으로 하여금 하나님이 어떻게 일하시는지를 보지 못하게 만든다. 우리는 친구 관계를 손상하는 방식으로 전도의 대화를 진행하고, 주위 사람들의 진정한 영적인 여정에는 눈을 감도록 가르침을 받아 왔다.

이 두 가지 장애물과 관련하여 갈림길을 만나게 된 나 자신의 경험을 나누고 싶다. 나는 동부 펜실베이니아의 한 대학에 다니면서, 기독학생회 모임의 소그룹 리더가 되었다. 리더로서 나는 성경 공부를 인도하고, 매주 리더 모임에 참여하고, 소그룹 모임 준비를 위해 매주 그룹의 장을 만났고(그녀와 나는 데이트 중이었다!), 소그룹 멤버 중에 장차 리더가 될 만한 후배 두 사람을 매주 만나며 멘토링을 해주었고, 전체 집회에 참여했고, 주일에는 교회에 나갔고, 매일 성경 공부와 기도 시간을 가졌고, 기도 모임에도 매주 참여했다. 거기에다가 공학도로서 꽉 찬 학점을 수강하고 있었다.

당신도 학생으로서 이와 비슷한 시간표를 가지고 살고 있을지도 모른다. 또는 직장에 다니면서 가정과 교회에서 이와 비슷한 헌신을 하고 있을 수도 있다. 그 결과는 나와 마찬가지일 것이다. 내 스케줄은 많은 기독교적 활동들과 그리스도인 친구 관계들로 꽉 차버렸다. 나는 내가 좋아하는, 재미는 있지만 별로 종교적이지는 않은 활동을 할 시간이 거의 없었다. 그리고 내가 좋아하는 활동도, 하나님으로부터 소원한 사람들과는 함께 하지 않았다. 유명한 기독교 저술가인 존 스토트John Stott의 표현에 따르면, 나는 이쪽저쪽으로 거룩한 무리만 찾아 뛰어다니는 토끼굴 그리스도인이었다. 나는 그런 식으로 생각하지는 않았다. 나는 그저, 내가 속한 그리스도인 모임의 수많은 행사와 활동에 열심히 참여하는 전형적인 한 사람의 그리스도인이었을 뿐이다.

나는 그 금요일 밤을 결코 잊지 못할 것이다. 나는 열광적으로 달려가던 '기독교주의'라는 버스에서 뛰어내려, 내가 좋아하는 어떤 일을 하나님과는 소원한 어떤 사람과 함께 했다. 정기적으로 모이던 전체 집회에 빠지고 스키 동아리 사람들과 스키를 타러 갔던 것이다. 그날 저녁 나는 동아리 모임 친구였던 스콧과 함께 즐겁게 놀았다.

스콧과 나는 캐멀백 산에서 스키를 탔다. 나는 그와 이야기하면서 내 머릿속에 들어 있던 대본을 사용하려고 했던 것을 기억한다. 나는 그에게 갑작스런 질문들을 몇 가지 던졌다. 그중 하나로, 나는 스콧에게, 우리를 둘러싼 이 모든 자연의 아름다움과 질서 뒤에 설계자 혹은 예술가가 계시다는 생각을 해 보았는지 물었다. 나는 말을 더듬거리며 어색한 어법으로 말하고 있었다. 왜냐하면, 내 머릿속에 기록된 대본을 외우려 했기 때문이다. 스콧은 잠시 멍한 눈으로 나를 쳐다보더니, 다른 이야기로 넘어갔다.

나는 또, 믿을 수 없을 정도로 섬세한 사람의 몸을 언급하며 이 모든 것이 우연한 진화의 산물이라는 점은 합리적인 것 같지 않다고 말하려 했던 것을 기억한다. 스콧은 마치 내가 외국어를 말한다는 듯한 표정으로 나를 쳐다보았다. 그는 일부러 그런 표정을 지은 것이 아니었다. 그는 그저 내가 하는 말의 앞뒤 맥락을 도무지 이해하지 못했을 뿐이다. 나는 민망해져서 리프트에서 내리다가 땅에 처박혀버렸다. 나는 눈사람 프로스티(Frosty the Snowman: TV 만화영화의 주인공 눈사람 – 역주)가 되어버렸다. 인간의 몸이 얼마나 위대한 작품인지에 말하자마자 걸려 넘어져 눈 속에 코를 박았으니 얼마나 우스웠을까!

나는 결국 영적인 대화를 시작하는 영리한 방법 찾기를 포기하고, 솔직하게 하나님에 대해 생각해 본 적이 있는지, 어떤 생각을 했었는지, 우리의 보잘것없는 삶에 대해 하나님이 관심을 두신다는 것을 생각해 보았는지 물었다. 그는 잠시 말이 없더니, 최근에 하나님과 영적인 일에 대해 많이 생각하고 있었고, 성경이 자기에게 도움이 될지 궁금해하고 있었다고 대답했다. 그리고 그는 자기와 같이 성경 공부를 하자고 나를 초대했다!

문제는 영리한 말이 아니었다. 문제는 하나님이 어떤 식으로든 이미 개입하고 계심을 전제하고, 스콧으로 하여금 자신의 말로 그것을 설명하도록 부탁하는 것이었다. 그 날 밤 이후로 나는 내가 좋아하는 일(스키)을 아직 예수님을 모르는 사람들과 함께하는 즐거운 모험을 시작하게 되었다.

캠퍼스로 돌아와서 나는 기독학생회 모임의 리더를 만났다. 그는 내가 금요일 모임에 빠진 것을 알고 있었다. 그는 이유를 궁금해했다. 내가 그에게, 아직 예수님을 모르는 사람들과 함께 스키를 타려고 모임에 빠졌다고 말했을 때, 그는 무슨 말을 해야 할지 모르겠다는 표정을 지었다. 그는 스키 타는 것과 같이 즐거운 일을 하려고 '교회 모임'을 빠지는 것에 대해 불편한 감정을 느꼈다. 스키를 타려고 교회를 빠지기 시작한다면, 결국 어떻게 되겠는가? 어디까지 선을 그을 것인가? 스키를 타고, 영화를 보고, 등산을 가는 데 모든 시간을 다 보내고, 결국 교회에는 발을 끊게 될 것이다. (물론 어떤 사람은 그럴 위험도 있을 것이다. 하지만, 아마도 이 책을 읽는 당신은 아닐 것이다!)

더구나 그 리더는 우리에게 하나님으로부터 소원한 사람들과 함께 시간을 보내라고 격려했던 사람이었다. 그러나 나는 그가 정말 그렇게 시간을 사용할 수 있었는지는 모르겠다.

당신이 좋아하는 것을 하라

어쨌든 간에, 나는 당신이 교회 활동을 조금 건너뛰고, 가서 당신이 좋아하는 일을 아직 예수님을 모르는 사람들과 함께 하는 것을 강력히 추천하며, 완전한 허가증을 내주고 싶다.

만일 당신이 목사나 공동체의 지도자라면, 당신이 할 수 있는 가장 좋은 일은 교회 모임에 한두 번 빠지고 (혹은 모임을 취소하고!), 재미있는 활동을 하면서 하나님으로부터 소원한 사람들과 함께하는 것이다. 교회와는 거리가 먼 사람들과 함께 당신이 좋아하는 활동을 하는 것보다 더 기분 전환이 되고 새로운 기운을 공급받는 일은 없을 것이다. 만일 당신이 그렇게 하려 하면, 당신의 회중들도 그렇게 하려 할 것이다. 나는 사람들에게 교회 활동을 빠지라고 격려하는 것이 위험스러워 보인다는 것을 잘 안다. 그러나 우리 그리스도인들은 살 속으로 파고드는 발톱처럼 좁은 시야로 살아가며, 일하고, 교회에 나오고, 교회 친구들이나 가족들과 시간을 보내고 하는 이 모든 일에 너무 진지하게 의무를 다하며 바쁘게 살아가느라 엄청난 스트레스를 받고 있다.

아이들의 야구 코치가 되라(그것이 당신에게 재미있는 일이라면). 매주 골프를 치라. 연극을 보러 가라. 글쓰기 모임에 참여하라. 당신이 흥미를 느끼는 강좌를 수강하라. 플라이 낚시 클럽, 판타지 소설 동호회, 비디오 동호회, 카드 게임, 동아리, 스키 동아리에 참여하라. 당신이 좋아하는 것을 하라. 그리고 그것을 교회 친구들과만, 또는 교회 내 동아리 모임에서만 하려고 하지 말라. 아직 예수님을 모르는 사람들과 함께 즐거운 시간을 보내라.

그리스도인들은 종종 이렇게 말한다. 그렇지 않아도 스트레스가 많은 생활인데 거기에다 다른 뭔가를 더 쑤셔넣을 시간 여유가 없다고. 그들은 하나님으로부터 소원한 사람들과 영적인 친구 관계를 전혀 맺지 못해 죄책감을 느낀다. 그래서 그들은 뭔가 다른 책임 하나를 부가해야만 한다고 느끼거나, 또는 이번에도 그리스도인의 의무를 충분히 다하지 못했다는 죄책감을 안고 살아간다. 당신은 좀더 즐겁게 살아갈 그리스도인의 의무를 다하지 못해서 죄책감을 느끼겠는가? 얼마나 어이없는 생각인가!

모두 집어던져 버리라! 당신이 의도적으로 사람들을 회심시키려는 목적으로 친구 관계를 맺으려 한다면, 그런 생각 역시 집어치우라. 그렇게 해서는 진실한 마음으로 다가갈 수 없을 것이다. 그리고 상대편도 당신의 프로젝트 대상이 되는 것을 좋아하지 않을 것이다. 그러나 당신이 좋은 시간을 가지고 싶고, 마음의 짐들을 잠시나마 내려놓고 싶다면, 그냥 그렇게 하라. 그리고 당신이 좋아하는 것을 교회 밖의 사람들과 함께 할 방법을 찾아보라. 그들 대부분은 우리보다 삶을 더 즐기며, 스스로에 대해 지나치게 진지하지 않다.

이 점에 관해서 사람들이 가지기 쉬운 한 가지 잘못된 개념을 쫓아내는 것이 중요하다. 분명히 하나님은, 예수님을 따르는 우리가 예수님처럼 살아가기를 원하신다. 예수님은 항상 죄인과 세리들과 함께 시간을 보내셨고, 종교적인 유형의 사람들에 비해 즐기며 노는 일에 훨씬 더 익숙했던 레위와 같은 파티족과도 어울리셨다. 그러나 예수님은 또한 그분이 어울리는 사람들과 **달랐다**. 그분은 분명 규칙에 얽매이지는 않았지만, 사랑으로 충만했고, 하나님과 하나님의 방식을 존중하는 방식으로 즐기셨다. 그렇다, 하나님은 아직도 성도, 즉 하나님을 위해 구별된 백성을 원하신다. 그러나 하나님은 석고상이 아닌 인간 성도를 원하신다.

당신이 지금 있는 지점이 교회 활동에 빠지고 불신자들과 파티를 벌일 수 없는 상태일 수도 있다. 그러다가는 당신 자신이 불신자가 되어 갈 수도 있다! 어떤 상황이나 환경은 당신에게 너무 큰 영향을 끼칠 수도 있다. 그러므로 당신은 자신의 한계를 알고, 당신을 예수님을 따르는 삶에서 멀어지게 할 수 있는 환경은 피해야만 한다. 그러나 여전히 당신은 당신이 좋아하는 일을 할 수 있으며, 그것을 예수님을 모르는 사람들과 함께 할 수 있다.

영적 대화를 시작하기

이제 우리의 두 번째 약점에 대해 생각해 보자. 우리가 가진 대본은 진정한 영적 대화를 위한 다리가 되기보다는 걸림돌이 되고 있다. 우리는 어떻게 우리와 우리 친구 모두에게 의미 있는 영적인 대화를 시작할 수 있을까?

우리는 어떻게 친구와 성령에게 동시에 귀를 기울일 수 있을까? 우리는 어떻게 성령이 우리 친구의 삶 속에서 행하시는 일을 발견할 수 있을까? 이미 대본을 내버렸다면, 우리는 무엇으로부터 친구와 신앙을 나누는 일에 대한 안내를 받을 수 있을까?

나는 앞에서 무너진 신뢰의 다리를 다시 잇는 것이 오늘날 추구자와 불신자들에게 가장 필요한 일이라고 말했다. 우리는 사람들이 전반적으로 그리스도인이나 교회나 하나님을 신뢰하지 않는 후기 기독교 사회에 살고 있다. 그들은 기독교가 무엇인지 알고 있다고 생각하고 있으며, 기독교를 원하지 않겠다고 결정을 내렸다. 우리는 어떻게 무너진 신뢰의 다리를 다시 세울 수 있을까?

예수님은 그 다리를 어떻게 이을지를 아셨다. 예수님이 우물가에서 사마리아 여인을 만나신 사건은 이 문제와 관련하여 매우 중요한 깨달음을 준다.

긴 사역과 여행으로 지치신 예수님은 사마리아 땅의 한 우물가에서 쉬고 계셨다. 제자들은 먹을거리를 사러 근처의 마을에 가 있었다. 정오쯤 되었는데 저쪽 언덕 편에서 한 여자가 물을 긷고자 우물로 오고 있었다.

그 여자를 보신 예수님은 그녀에게 아주 심각한, 깨어진 신뢰의 문제가 있음을 아셨다. 그 문제는 예수님이 그녀와 어떤 이야기를 나누든지 그 대화의 배경으로 작용했을 것이다. 유대인 남자는 공적인 장소에서 여자와 말을 하지 않는다. 이 여자는 예수님이 스스로 우월감을 느끼며 그녀를 무시할 것이라 생각했다. 그녀는 또한 사마리아인이었다. 유대인들은 사마리아인에게 절대로 말을 걸지 않는다. 사마리아인은 이방인과 피가 섞인 사람들이다. 그들의 조상은 수 세기 전에 포로로 끌려갔다가 혼혈이 되어 돌아왔으며, 그들의 종교도 순수함을 잃었다. 사마리아 여인은 예수님이 아마도 자신의 순수한 혈통적·종교적 배경에 대해 우월감을 느끼리라 생각했다. 사마리아 여인은 또한 개인적인 사연이 있었고, 얼룩진 과거를 가진 사람이었다. 그녀에게는 다섯 명의 남편이 있었지만, 현재 함께 사는 남자는 남편이 아니었다. 그녀는 다른 여자들처럼 해거름에 물을 긷지 않고 정오에 혼자 우물에 나왔다. 그녀의 사회적 지위는 낮았고, 다른 사마리아 여자들도 그녀와 어울리려 하지 않았을 것이 분명하다. 그러므로 아마도 이 사마리아 여인은 무시당하고, 판단받고, 조롱당할 것을 예상했을 것이다. 그녀가 예수님을 향해 신뢰나 열린 마음을 가지고 있었을 가능성은 거의 없어 보인다.

많은 불신자가 이와 비슷한 두려움을 가지고 있다. 즉 교회 다니는 사람들과 영적인 대화를 나누게 되면 판단받고, 거부당하고, 소외될지도 모른다는 두려움이다. 그러나 예수님은 여인이 직면한 깨어진 신뢰의 문제를 알고 이해하고 계셨다.

만일 예수님이 즉시 대본을 따라, 그 사마리아 여인에게 회심하여 유대인이 되어야 한다고 말을 꺼냈다면, 대화는 거기에서 끝이 났을 것이다. 또는 예수님이 그녀가 죄인이며 구원자가 필요하다고 말을 시작했다면 대화가 더 계속될 수 없었을 것이다. 그녀는 그런 식의 생각을 이미 예상하고 있었기 때문이다. 만일 예수님이 그녀처럼 심각한 신뢰의 문제를 가진 사람에게 무슨 말을 해야 할지 몰라 그녀를 무시하고 지나쳤다면, 대화는 시작조차 되지 않았을 것이다.

하지만 예수님은 그렇게 하는 대신에 예상치 못한 행동을 하셨다(당신은 아마도 예상했겠지만!). 그분은 과거의 상처라는 벽 뒤에서 자신을 방어하며 숨어 있던 그 여인에게 충격이 될 만한 한 가지 행동을 하셨다. 예수님은 스스로 도움이 필요한 사람의 입장이 되셨다. 그분은 목이 마르셨다. 그리고 그녀에게 도와달라고 말씀하셨다. 그 순간 그분은 사회적 규칙들을 깨뜨리셨고 사회적 등식을 바꾸어 놓았다. 그분은 자신이 가진 가장 큰 자산인 인간성, 곧 자신의 궁핍함을 이용하여 깨어진 신뢰를 다시 회복시키기 시작하신 것이다.

복음 증거에서 우리는 이와 같은 예수님의 모범을 따를 수 있다. 우리는 그분의 접근 방법을 배울 수 있다. 우리가 대본을 던져 버리고 예수님으로부터 배운다면, 우리의 증거는 새롭고 강력한 방식으로 표출될 것이다. 여기, 예수님의 접근 방법에 기초한 몇 가지 아이디어가 있다. 이 방법들은, 우리가 종종 후기 기독교 문화에서 경험하듯이, 신뢰의 문제라는 커다란 장애물을 직면하게 되었을 때, 우리를 막다른 골목에서 빼내줄 수 있을 것이다.

예수님을 모르는 사람들과의 영적인 친구 관계에서는, 예수님이 그러셨던 것처럼 **불신을 전제하라**. 우리가 불신을 전제하고, 깨어진 신뢰의 문제에 공감하며, 신뢰를 회복해 간다면, 의미 있는 영적 대화의 기회들을 끝없이 발견하게 될 것이다.

어느 날 아침 나는 커피와 머핀을 사려고 줄을 서 있었다. 그런데 계산대에 서 있던 라울이 말을 걸어 왔다. 그와는 전에 대화를 나눈 적이 있었다. 그는 내가 나의 직업에 대해, "캠퍼스를 방문하며, 기성 교회나 교리에는 싫증이 났지만 영적 문제에 관심이 있는 사람들과 만나 이야기를 나눈다"라고 말했을 때 큰 흥미를 보였었다. 그가 일은 잘 되어가는지 다시 물어 왔다.

또 다른 직원인 제니는 시나몬레이즌 베이글을 굽고 있다가, 라울이 나에게 기성 종교에 싫증이 났지만 영적인 문제에 관심 있는 사람들을 돕는 일에 관해 묻는 것을 듣게 되었다. 제니는 귀가 번쩍 뜨였다. 6m나 떨어진 곳에서, 다섯 명이 베이글과 커피를 계산하려고 줄을 서 있는데, 제니가 큰 소리로 말했다. "뭐라고요? 당신이 무슨 일을 하신다고요?"

나는 그녀에게 (그리고 차례를 기다리는 다섯 명에게) 라울에게 말했던 내용을 말해 주었다. 그녀도 내가 하고 있는 일을 알고 싶어했다. 나는 설명했다. "나는 요즘 영적인 문제에는 관심이 많지만, 교회는 낡고 시대에 뒤떨어진 것으로, 또 종교는 쓸데없는 것으로 생각하는 사람들을 많이 만납니다. 그러나 그런 사람들은, 그들을 판단하지 않고 진심으로 도와줄 안내자가 있다면, 영적인 여정에 관해 진정으로 도움을 받고 싶어합니다."

제니는 갑자기 숨을 헐떡이며 말했다. "그게 바로 저예요! 그런 사람을 어디서 만날 수 있죠?" 제니와 나는 20분 정도 영적인 대화를 나누었다. 물론 계산을 마친 다음에! 우리 둘 모두에게 의미 있고 격려가 되는 대화였다. 마지막에 그녀는, 자신의 영적인 여정에 관하여 이 같은 대화를 나눌 수 있는 교회가 어디에 있는지 물었다!

과거에 나는 라울 같은 사람과는 사적인 대화를 전혀 시작도 못 하리라고 생각했었다. 그는 그리스도인과 교회에 대한 신뢰가 깨어진 상태였기 때문이다. 그러나 이제 나는 확신하고 있다. 내가 성령에 민감하다면, 나는 라울과도 말을 할 수 있고, 그와 동시에 6m 떨어진 데서 베이글을 굽는 사람과도 영적인 대화를 시작할 수 있다는 확신 말이다!

그러나 나는 솔직하게 고백하고 싶다. 나 역시 대화를 시작하는 것은 결코 쉽지 않다. 아직도 명치끝이 꽉 막히는 느낌이 들고, 초조함으로 가슴이 쿵쾅거린다. 이 사람이 반응을 보일 것인가? 대화가 어색하게 끝나버리지는 않을까? 내가 그들을 더 밀어내는 것은 아닐까, 또는 그들이 나를 거부하지는 않을까? 그래서 나는 좋은 기회가 생길 때나 성령의 신호를 느꼈을 때라 해도, 항상 위험을 무릅쓰고 다가가지는 않는다. 하지만 나는 달라지고 싶다. 이제 나는 내가 던져버려야 할 가장 커다란 짐이 나의 쾌적 영역comfort zone이 주는 안정감이라고 믿게 되었기 때문이다. 그것을 버리고 내가 얻는 것은 대단히 많다. 내 신앙이 자랄 것이고, 하나님이 기뻐하실 것이며, 내 친구들이 하나님께 좀더 가까이 나가게 될 것이다.

나는 당신이 이 대화에서 또 다른 한 가지를 눈치 채길 바란다. 제니와 나는 이전에는 한 번도 이야기를 나눈 적이 없었다. 당신이 불신자와 친구 관계를 거의 맺고 있지 못하더라도, 당신에게는 (특히, 불신을 전제하고 다가간다면) 의미 있는 영적 대화의 기회가 많이 찾아올 것이다. 불신을 전제하는 태도에 더하여, 예수님이 그러셨던 것처럼 **당신의 필요를 표현하라**. 당신이 모든 것을 갖춘 거의 완벽한 사람이라는 인상을 상대에게 주어야 한다고 생각하지 말라. 신뢰가 깨어져 있을 때, 당신의 강점을 이용해 상대를 이끌려는 시도는 서로의 거리를 멀어지게 만들 뿐이다. 깨어진 신뢰는 당신이 자신의 인간성과 필요를 보여 주고 그것을 함께 나눌 때 다시 회복된다. 상대편의 마음을 녹이고, 방어 상태를 느슨하게 만드는 것은 열린 마음, 신뢰하는 마음이다.

몇 년 전에 있었던 한 경험은 내가 복음 증거를 새롭게 이해하는 데 깊은 영향을 끼쳤다. 우리는 가족 휴가를 떠날 준비를 하느라 정신이 없었고, 우리가 떠나 있는 동안 이웃이 우리 애완동물들(개 한 마리와 고양이 두 마리 그리고 저빌 쥐 한 마리)을 돌보아 주기로 약속했다. 그런데 여행을 떠나기 전날, 우리는 우리 고양이가 당뇨병이 있어서 이틀에 한 번씩 주사를 맞아야만 한다는 것을 알게 되었다. 우리는 이웃을 찾아가 말했다. "저희 고양이를 수의사에게 맡겨 놓겠습니다. 이틀에 한 번씩 고양이에게 주사를 놓으려면 번거로우실 테니까요."

그들이 대답했다. "걱정하지 마세요. 기꺼이 그렇게 하지요."

그래서 우리는 두 주간 여행을 하고 돌아왔다. 우리가 돌아왔을 때, 물론 그들은 당뇨병에 걸린 우리 고양이를 두 주 동안 돌보며 주사를 놓았다.

그것은 우리의 기대를 훨씬 넘어서는 일이었다. 우리는 감사의 표시로, 그들을 고급 스페인 식당으로 데리고 갔다.

그 식당에서 나는 내가 경험했던 대화 중에서도 가장 의미 있고 심오하다고 말할 수 있는 영적인 대화를 나누었다. 그는 경찰서장이었고, 폭력 사건에 개입되었던 경찰관들을 돌보고, 그들의 심리적 위기감을 살피는 것을 자신의 영적인 소명으로 받아들이고 있었다. 그는 수년 동안 교회에 나가지 않았다. 하지만, 그는 자기 소명을 삶으로 실천하고 있었다. 그와 나는 깊은 수준까지 마음을 열고, 서로에게 도전을 주며, 심오한 영적 교류를 나누었다. 오늘날까지 우리는 계속 서로 만나고, 서로 격려하고 있다.

나중에 나는 이 경험에 대해 생각했다. 무엇이 그의 마음을 그토록 활짝 열게 하였을까? 왜 우리 사이에는 극복해야 할 신뢰의 문제가 없었을까? 그가 교회와 그리스도인들에 대해 어떤 부정적인 경험들이 있었음에도, 왜 그는 나를 그토록 깊이 그리고 그렇게 빨리 신뢰하게 되었을까? 나는 그런 신뢰를 낳은 것이 무엇인지 깨닫게 되었다. 그는 내가 필요할 때 나에게 도움을 베풀었다. 그는 도움을 베푸는 자가 항상 그러하듯, 힘있는 자의 처지에 있었다. 나는 그에게 빚을 졌다. 다른 사람에게 무시당하기 쉽거나 혹은 받는 처지에 있는 것보다 더 훌륭하게 신뢰를 쌓는 방법은 없다.

나는 '돌봄의 전도care evangelism'에 대해 배운 적이 있다. 이것은 내가 다른 사람을 돌봄으로써 내 메시지에 귀를 기울이게 하는 방법이다. 이 경험은 나에게 '상호 돌봄의 전도mutual-care evangelism'를 추구해야 함을 가르쳐 주었다. 상호 돌봄의 전도란 신뢰의 관계를 세우는 과정의 한 부분으로서, 주는 것과 받는 것 모두를 추구하는 것이다.

당신이 복음을 전하고자 할 때, 섬길 기회뿐 아니라 도움을 요청할 기회도 함께 찾아보라. 당신의 필요와 인간성은 최고의 자산이다.

영적인 친구 관계에서, 예수님이 하셨던 것처럼 **상처받은 마음을 감싸주라**. 사마리아 여인은 유대인들에게 상처받았고, 남자들에게 상처받았고, 사회적 고립으로 말미암아 상처받았다. 그런 그녀에게 예수님은 자신의 필요를 채워달라고 요구했고, 그녀를 소중하고 고귀한 사람으로 대하셨으며, 좋은 질문과 통찰을 갖고 대화하셨다. 그분은 그녀를 소중한 한 인간으로 대하셨다. 그분은 사람들이 자신의 지리적·사회적·종교적 위치나 성향에 상관없이 하나님을 경배하고 기쁘시게 할 수 있다는 자신의 믿음을 표현하셨다. 그리고 그녀가 대화에 깊이 들어왔을 때, 예수님은 자신이 그녀의 삶에서 최악의 부분까지도 알고 있음을 보여 주셨다. (그러면서도 여전히 그녀를 존엄한 존재로 존중하셨다.) 그분은 그녀가 다섯 번이나 결혼한 적이 있었고, 현재는 결혼하지 않은 상태로 한 남자와 동거하고 있음을 아셨다. 이렇게 예수님은 성령의 음성에 귀를 기울이면서 상처받은 마음을 감싸주셨다.

수는 지난 5개월 동안 제이슨과 만나 성경 공부를 해 왔다. 제이슨은 친절하기는 했지만, 어떤 것도 그의 가슴 깊은 곳에 가 닿지 못하는 것처럼 보였다. 수는 그가 왜 성경 공부를 하기로 동의했는지조차 이해가 안 되었다. 아마도 그저 외로움 때문이 아니었을까? (사실 그녀는 매력적인 여성이었다!) 그러던 어느 날 그의 신뢰가 깨어지게 된 과거가 드러났다. 그의 아버지는 한 해 전에 암으로 돌아가셨다. 제이슨은 하나님을 알고 있었기에 하나님께 기도드렸다. 그는 6개월 동안 하루도 빠짐없이 아버지를 치유해 달라고 하나님께 간구했다. 하지만, 결국 그의 아버지는 죽음을 맞이했다. 그 이후로 제이슨은 완전히 마음을 닫아 버렸고 감정은 얼어붙었다. 아버지가 돌아가실 때, 하나님은 어디에 계셨는가? 그가 개인적인 고통을 직면하고 있을 때, 하나님은 왜 그렇게 무력하셨는가?

그런 그에게 수는 계속 이런 식으로 사람과 하나님을 향해 감정을 닫고 폐쇄적인 삶을 살고 싶으냐고 물었다. 제이슨은 수를 바라보았다. 그의 눈길에서는 아픔이 묻어 나오고 있었다. 그는 아니라고 했다. 그는 더 이상 그렇게 살고 싶지 않았다. 수는 그의 닫힌 마음을 위해 기도해 주어도 좋을지 물었고, 그는 그렇게 해 달라고 했다.

기도하면서 그녀는 그의 어깨에서 긴장이 풀어지는 것을 느낄 수 있었다. 그의 마음이 녹고 있었다. 그녀는 자신이 고통을 겪을 때 품었던 하나님에 대한 의문과 의심을 말하면서 기도를 시작했다. 그리고 제이슨의 고통에 대하여 하나님께 부르짖었다. 그러고 나서 성령의 이끄심을 기다렸다. 그녀는 성령이 신호를 보내심을 느끼며, 치유를 위해, 제이슨에게 적합한 공동체를 위해, 그리고 제이슨이 하나님의 임재를 생생하게 맛볼 수 있도록 기도했다. 몇 주 후 제이슨은 하나님께 돌아왔고, 다시 공동체의 지체들을 향해 마음을 열기 시작했다.

나는 치유 수련회를 마치고, 비행기를 타고 집으로 돌아오고 있었다. 나는 내 옆에 앉은 여자에게 말을 걸라는 성령의 신호를 느꼈다. 나는 그녀에게 시카고에 살고 있는지 물었다. 시카고는 비행기의 목적지였다. 그녀는 그렇다고 말한 뒤, 내게 어디에서 오는 길이냐고 물었다. 나는 그녀에게 내가 치유 수련회에 참여하고 돌아오는 길이며, 그 수련회에서 하나님이 많은 사람의 육체적인 질병을 치유하셨고, 나는 가족과의 관계에서 생겨난 감정적인 상처를 치유받았다고 대답했다. 그녀는 흥미를 보이며 여러 가지 질문을 했다. 그리고 자신의 삶에 대해 마음을 열고 나누기 시작했다. 그녀는 유대인이었고 그리스도인들에게는 불신을 가지고 자라 왔다. 그러나 나와 마찬가지로, 그녀도 가족 관계에서 어려움을 겪고 있었다. 그녀의 문제는 아버지와의 관계였다. 그녀는 치유가 필요하다고 느꼈다. 그녀는 예수님이 그 문제를 해결해 주실 수 있을지 알고 싶었다.

나는 내가 기도를 해주어도 좋을지 물었다. 기도 중에 우리는 강력하고도 부드러운 성령님의 임재를 느꼈다. 예수님을 불신하도록 교육 받은 그 여자는 예수님에 대해 알고 싶으며 예수님을 경험하고 싶다고 말했다. 그러는 동안 그녀의 영적 여정에서 그리스도를 향한 중요한 방향 전환이 일어나고 있었다. 자신의 아픔과 깨어진 신뢰를 치유하시는 하나님의 임재를 경험했기 때문이었다.

이것이 바로 영적인 여정에서 이루어지는 대화로서 전도의 새로운 이미지다. 그리고 이것이 바로 의심과 의문과 상처의 땅을 먼저 건너왔고, 마음 상한 자들의 치유자가 베푸시는 도우심을 먼저 경험한, 여행 안내자로서의 우리의 새로운 이미지다.

이야기는 아주 강력하다. 나 자신의 이야기를 하는
법을 배우는 것은 그리스도인으로서
우리가 내딛는 가장 중요한 발걸음 중 하나다.

5. 이야기의 힘

나는 애브너의 이야기를 잊을 수가 없다.

애브너는 로스앤젤레스에 사는 전문직 종사자다. 그에게는 그리스도인 친구가 하나 있었는데, 20대가 주축인 교회에 다니는 이였다. 그 교회는 '에지The Edge'라는 전도 프로그램을 후원하고 있었다. 에지는 회의자들을 대상으로 하는 집회인데, 각 모임은 회심하라는 초청을 목표로 하지 않고, 영적인 삶을 추구하도록 불을 붙여주거나, 불꽃이 다시 타오르게 해주는 것을 목표로 삼고 있다. 이 모임에서는 예수님에 대한 이야기를 나누긴 하지만, 전혀 진부하지 않은 방식으로 한다. 예를 들면, 한 모임은 "사우스 파크South Park"라는 성인 만화 프로그램을 소재로 삼았는데, 모임의 이름은 "예수님 vs. 부활절 토끼"였다(미국에서는 부활절에 달걀을 나누어 주는 부활절 토끼와 예수님의 부활이 무슨 관계가 있는지 묻는 우스운 이야기가 만화의 주제로 종종 등장한다-역주). 다른 모임은 진정한 자아라는 주제를 제시하고자, "페이스 오프 Face Off"라는 영화를 접촉점으로 삼았다.

애브너의 그리스도인 친구는 그를 모임에 초대했다. 애브너는 기독교에 관심이 없었지만, "페이스 오프"를 정말로 좋아했기에 모임에 갔다.

나중에 애브너는 회상했다. 그는 매우 흥분해 있었다. 그는 오래 전에 기독교 신앙을 관심 목록에서 지워 버렸다. 그러나 그 날 밤에 만난 사람들은 그가 이제까지 만난 어떤 그리스도인들과도 달랐다. 그들은 아주 정직하게 갈등과 실패에 대해 말했다. 그들은 '영적인' 삶을 살기 전과 마찬가지로, 현재에도 자신들이 모든 것을 가지고 있지 않음을 인정했다. 강연을 맡은 더그는 마리화나와 관련된 자신의 경험을 이야기했다. 그는 너트메그(nutmeg: 서양요리에 쓰이는 향신료의 하나-역주)가 마리화나와 비슷한 환각 체험을 일으킨다는 말을 듣고 너트메그를 먹어 보았다고 했다. 사람들의 웃음 속에서, 더그는 너트메그나 마리화나, 그 어느 것도 그것들이 공약하는 것을 한 번도 제대로 제공한 적이 없다고 말했다. 그는 또한 사람들에게 환각 체험을 통해서가 아니라, 하나님이라는 가능성에 대해 그들의 마음을 열고 삶의 영적인 부분을 추구하라고 도전했다.

그때 애브너가 자극을 받았다. 그는 다 알려진 약물 사용자이며 애주가였기 때문이다. 사람들은 그가 완전히 술이 깬 모습을 보기 어려웠다. 그는 더그가 자신의 마음을 완전히 읽는 듯한 느낌을 받았다. 적어도 자기의 편지라도 뜯어 본 것 같았다. 그는 더그에게 동의하지 않았다. 하지만, 더그의 이야기가 자기의 삶과 강력하게 연결되어 있다는 점을 부인할 수 없었다.

그래서 그는 더그에게 한번 만나기를 청했다. 그 만남에서 애브너는 하나님께 3주 간 기회를 드리기로 했다. 그리고 그분이 3주 내에 나타나지 않으면, 애브너는 하나님에 대해 완전히 정리하기로 했다. 더그는 그저 웃으며 고개를 끄덕였다.

그 다음날 애브너는 다시 환각에 빠져 있었다. 그는 자신이 진짜 위선자가 된 느낌이 들었다. 이렇게 계속 환각에 빠져 있고 술에 취해 있으면, 하나님께 정말로 기회를 드리는 것이 아님을 알고 있었다. 그 날 밤 그는 자신의 삶이 어디를 향해 나아가고 있는지를 보게 되었다. 하나님은 환상을 통해 하나님 없는 그의 삶이 어떤 모습이 될지를 보여 주셨다. 그는 마음의 눈으로 나이 든 자신의 모습을 보았다. 40세가 된 그는 이혼을 당하고 절망에 빠진 알코올 중독자가 되어 큰 길가에 앉아 소리 내어 울고 있었다. 그는 이 환상이 마리화나가 주는 것이 아님도 알았다!

그 날 밤 그는 술과 담배를 끊었으며, 그 이후로 다시 손을 대지 않았다. 그는 예수님의 임재를 느꼈고, 그 임재 속에서 자신이 술과 환각에서 벗어날 수 있음을 알았다. 그 다음 사흘 동안 그는 계속해서 예수님의 임재를 느꼈고, 그 체험이 그를 완전히 사로잡았다. 그는 '아, 하나님을 체험하는 느낌이 이런 것이구나'라고 생각했다.

주말에 친구들과 파티를 하면서 그는 마리화나 파이프를 꺼냈다. 그의 친구들도 그와 함께 환각에 빠질 준비를 했다. 그러나 애브너는 파이프를 들더니 불을 붙여 재로 만들어 버렸다. 친구들은 경악했다. "뭐 하는 짓이야? 정신 나갔어?"

애브너가 대답했다. "나는 내가 가장 사랑하던 것을 없애고 있어. 다시는 안 할거야. 내 삶이 하수구로 빠져나가고 있어. 나는 하나님을 믿어야만 해."

그의 친구들은 나가떨어졌다. 애브너의 옛 삶의 방식도 나가떨어졌다. 그는 자신의 정체성을 새로운 중심, 예수님께 맞추어 세워나가기로 했다. 그는 안전과 행복을 얻고자 예수님을 신뢰하고, 다시는 술과 마리화나를 쳐다보지 않을 작정이었다.

그 이후 몇 개월 동안 그는 교회에 나왔고 주말 수련회에도 참여했다. '미친 그리스도인들'과 어울리며, 그들 중 하나가 되는 것이 얼마나 이상한 일이었던지! 이제 몇 년이 지난 오늘, 그는 한 캠퍼스 선교 모임과 함께 사역하며, 과거의 자신과 같이 고민하는 학생들에게 복음을 전하고 있다.

이 이야기는 아주 강력하다. 애브너가 자신의 이야기를 하는 법을 배웠듯이, 나 자신의 이야기를 하는 법을 배우는 것은 그리스도인으로서 우리가 내딛는 가장 중요한 발걸음 중 하나다. 그것은 복음 증거에만 중요한 것이 아니다. 그것은 또한 우리가 그리스도인으로서 자신을 이해하는 데도 결정적으로 중요한 단계다. 여러 측면에서 우리는 우리가 스스로에 대해 말하는 이야기다. 또한 우리 자신의 이야기를 하는 것은 우리의 정체성을 발견하고 선언하는 행위이며, 우리 삶의 의미를 찾아가는 행위이기도 하다.

왜 이야기가 이렇게 강력한가?

내 친구 론 앨리슨은 진리를 담을 수 있을 만큼 커다란 그릇은 오직 이야기밖에 없다고 말한다. 왜냐하면, 이야기는 진리에 대한 사실뿐 아니라 감정과 미묘한 의미까지도 담을 수 있기 때문이다. 이야기는 전체 진리를 담을 수 있는 그릇으로서, 명제나 개념이나 교리보다도 더 크고 좋은 그릇이다. 명제들은 이야기라는 살이 붙었을 때에는 훌륭한 도구가 되지만, 이야기로부터 분리되면 추상적인 뼈다귀만 남게 된다.

유진 피터슨은 이렇게 표현했다.

이야기가 이렇게 우리에게 기본이 되는 이유는 삶 자체가 서사narrative 의 형태를 띠고 있기 때문이다. 즉, 시작과 끝이 있고, 플롯과 등장 인물이 있으며, 갈등과 해결이 있다. 삶은 사랑, 진리, 죄, 구원, 속죄, 거룩 등의 추상적인 것들의 축적이 아니다. 삶이란 사소한 것들이 (예를 들면, 이름, 지문, 도로 번호, 지역의 날씨, 저녁 식사용 양고기, 비 오는 날 구멍 난 타이어를 교체하는 일 등) 모두 유기적으로, 인격적으로, 구체적으로 연결되어 있음을 발견하는 일이다. 하나님은 형이상학적인 공식이나 우주적인 불꽃놀이를 통해 자신을 우리에게 드러내시는 대신, 우리가 우리의 자녀들에게, 그들이 누구이며, 사람으로서 어떻게 성장할 수 있는지 이야기해 주는 것과 비슷하게 이야기 속에서 당신을 드러내신다.…그 과정 중의 어느 지점에서 우리 대부분은, 교만하게도 우리가 '영적인 원리', '도덕적 지침', '신학적 진리'라고 부르는 것들을 성경에서 추출하려는 나쁜 습관을 가지게 된다. 그리고 우리 자신을 그런 것들로 꽁꽁 묶어 삶을 작위적으로 신성한 모양으로 만들고자 한다.

예수님은 이야기를 통해 진리를 가르치셨다. 그리고 그분의 이야기는 여러 세기가 지난 지금까지도 우리 영혼 속에 생생히 울려 퍼지고 있다. 탕자 이야기, 씨 뿌리는 자의 비유, 하나님 나라의 비유 등이 그런 것들이다. 예수님은 어떻게 해야 진리를 우리의 머릿속뿐 아니라, 가슴과 상상력 깊은 곳에까지 심어 둘 수 있는지를 아셨다. 오직 이야기만이 그런 모든 국면을 아우르며 말할 수 있다.

뿐만 아니라, 오늘날 사람들은 논리나 진리가 명제로나 교조적으로 제시될 때 불신하는 경향이 있다. 그러나 진리가 우리 삶의 이야기 속에 육화肉化될 때에는 흥미를 느낀다. 우리 문화는 이야기하는 문화이며, 이는 부분적으로 모든 영역에 침투해 있는 미디어의 영향 때문이다. 영화와 책은 진리와 가치에 대한 문화적 담론을 이야기에 담아낸다. 우리 문화의 신학자들 역시 이야기꾼들이다. 듀크 대학Duke University의 윌리 제닝스Willie Jennings가 최근에 언급한 것처럼, "만일 당신이 도덕적·영적 상상력을 사로잡기 원한다면, 시인과 음악가들을 초대하라."

사라 힌릭키Sarah E. Hinlicky는 미디어에 영향을 받은 그녀 세대의 외침을 이렇게 표현한다.

우리는 작고 의미도 없는 수많은 것을 가지고 있습니다. 닌텐도, 홈페이지, 휴대 전화 등등. 하지만, 믿을 수 있는 소중한 것은 단 하나도 가지지 못했습니다. … 이제 우리를 설득할 수 있는 것은 무엇입니까? 단 한 가지, 바로 이야기입니다. 우리는 이야기의 사람들입니다. 우리는 서사narratives는 알지만, 사상ideas은 모릅니다. 우리의 대리 부모는 텔레비전과 비디오이고, 우리는 바람만 살짝 불어도 즉시 사소한 오락거리들을 뱉어낼 수 있습니다. … 왜 우리가 이렇게 자기파괴적인지 궁금할 것입니다. 하지만, 우리가 찾는 것은 힘이 소멸하지 않는 하나의 이야기입니다. 우리 삶의 파멸과 구속에 관한 이야기 말입니다. 이것이 당신들의 유리한 점입니다. 그리스도인들은 시장에 나와 있는 것 중에서 가장 좋은 구속 이야기를 가지고 있습니다.

우리 문화에서처럼 메타내러티브들이(metanarrative: 기독교의 구원 이야기, 마르크스주의의 프롤레타리아 혁명 이야기, 프로이트주의의 리비도 억압의 역사와 같은, 이 세계 전체를 설명하는 이야기의 틀을 말하며, 우리의 지식과 경험을 설명해 주는 준거가 된다—역주) 소멸했을 때에는, 설득력 있고 좋은 이야기의 힘을 통해서만 사람들을 다시 사로잡을 수 있다. 그들을 기독교 신앙으로 돌아오게 하는 첫 번째 방법은 논리와 명제와 교리는 아닐 것이다. 그들을 돌아오게 하는 방법은 우리의 이야기the Story를 다시 새롭게 하는 것이다.

오늘날 우리는 기초적인 질문에 답하는 것은 우리의 세계관을 강력하고 설득력 있게 표현하는 여러 차원 중 하나일 뿐임을 깨닫고 있다. 톰 라이트N. T. Wright가 지적한 것처럼, 세계관은 몇 가지 중요한 질문에 대한 대답들로만 이루어진 것이 아니다. 세계관은 네 가지 차원, 혹은 단계를 살펴봄으로써 가장 잘 이해될 수 있다.

1. 세계관의 토대와 틀이 되는 위대한 이야기(Grand Story: 메타내러티브와 같은 개념—역주). 기독교의 위대한 이야기는 그분의 백성과 모든 민족을 향한 하나님의 지칠 줄 모르는 사랑 이야기다. 성경 전체는 세대와 문화와 시간을 초월하여 하나님이 열정적으로 인간을 회복시키시는 역사적 사건의 거대 이야기를 하고 있다.
2. 핵심적인 세계관 질문들에 대한 대답.

- 우리는 누구인가?
- 우리는 어디에 있는가?
- 무엇이 문제인가?
- 무엇이 해결책인가?

3. 세계관에 형태와 의미를 부여하는 상징, 고안물과 문화적 행사. 세례, 성찬, 성탄절, 부활절, 사순절, 오순절, 주일 예배, 이런 것들은 정체성을 형성하는 상징과 행사 중 아주 적은 일부일 뿐이다.
4. 세계관이 불러일으키는 이 세상에서의 존재 양식으로서의 실천 praxis 혹은 삶의 방식. 예수님은 사랑과 정의로써 십자가의 길을 걸으셨고, 성령의 능력으로써 우리에게 이 세상을 살아가는 모범을 제시하셨다.

오늘날 사람들은, '이야기'와 '명제'가 둘 다 필요하기는 하지만, '이야기'가 '명제'보다 좀더 근본적인 카테고리에 속한다고 생각한다. 때로 그리스도인들은 이야기 대신에 교리에 초점을 맞추다가, 우리의 진리를 그 진리에 의미와 개연성과 능력을 부여하는 이야기로부터 분리시키는 결과를 낳았다. 우리는 우리 자신의 이야기와 하나님의 큰 이야기Big Story를 회복해야 하며, 그 이야기를 우리가 사랑으로 다가가기를 원하는 사람들의 이야기와 연결해야 한다. 우리의 이야기, 하나님의 이야기, 그들의 이야기를 말이다. 우리가 우리 자신과, 우리의 믿음과, 우리의 하나님에 대해 말하는 근본적인 이야기라는 차원에서 볼 때, 세계관의 싸움은 가장 먼저 그리고 가장 선두에서 일어나는 싸움이다.

다른 사람에게 복음을 전하고자 나아갈 때, 어디에서 시작해야 할까? 우리는 우리 자신의 이야기를 하는 법을 배우는 데서 시작한다. 그것이 사람들이 처음으로 연결감을 느끼는 부분이기 때문이다.

이야기란 무엇인가?

이야기가 이처럼 강력한 힘을 지녔음에도, 우리는 우리의 가장 중요한 영적 여정의 이야기를 다른 사람에게 전할 수 있는 의미 있는 방법과 기회를 찾지 못해 고심한다. 왜 이 일이 이렇게 어려울까? 그 이유는 간단하다. 우리의 이야기를 다른 사람에게, 심지어 우리 자신에게도, 의미심장하고 설득력 있게 말하는 법을 모르는 것이다. 게다가, 우리가 가진 대본은 우리가 영적인 이야기를 할 때에도 종종 걸림돌이 된다.

어떤 리더 한 사람이, 애브너의 이야기(이 장 앞부분에서 소개한)를 담은 비디오를 시청한 후에 그 이야기를 나름대로 잘 재해석하려다가 그 이야기가 지닌 힘과 신선함을 완전히 제거해 버렸다. 우리는 비디오에 등장한 애브너가 자신의 이야기를 생생하게 들려주는 것을 보았다. 그런데 그 리더는 이 비디오를, 사람들에게 간증을 격려하는 동시에, 애브너가 이야기를 하면서 실수한 부분을 비판하게 하는 도구로 사용했다. 예를 들어, 애브너가 하나님께 3주 이내에 모습을 나타내시라고 도전하는 부분을 그는 수용할 수 없었다. 그는 그것이 인위적이라고 생각했다. 애브너는 십자가, 죄, 용서, 하나님의 심판에 대해 충분히 말하지 않았다. 애브너는 정말 구원을 받은 것일까? 애브너는 적어도 자신의 이야기를 하는 올바른 방식을 배우지 못했거나, 아니면 좀더 잘 할 수 있었을 것이다!

내 생각에는, 애브너가 '올바르게' 자기 이야기를 하는 방법을 배우기 전에 그 비디오를 찍은 것이 참 감사한 일이다. 때로 '간증'에 대한 우리의 대본은 진짜로 생생한 이야기를 하는 것을 방해한다. 초신자들은 종종 그들의 이야기를 우리가 전달하고 싶은 교리를 적절히 담도록 대본에 맞추어 편집하거나 변경하라는 지시를 받는다. 우리는 사람들이 죄의 문제를 가지고 있고("내 삶은 예수님을 만나기 전에는 뒤죽박죽이었습니다"), 그들의 죄값을 치르려고 예수님이 십자가에서 돌아가셨음을 받아들였고("예수님이 나를 용서하시는 주님이심을 깨달았습니다"), 이제 그들의 삶이 훨씬 더 나아졌음을("이 용서를 받아들이고 그리스도의 주되심에 복종함으로써 내 삶이 변화되었습니다") 말하기를 기대한다. 이 대본은 좋은 것이다. 하지만 이것이 유일한 대본은 아니다. 이 대본은 우리의 이야기를 설득력 있고 의미심장하게 말하는 데 별로 도움을 주지 못한다. 교리가 대본을 결정하고 있기에, 그 이야기는 억지로 만들어낸 느낌을 준다. 이런 제약을 받으면 우리 이야기를 하는 것 자체가 고통스럽게 느껴질 것이다.

당신이 교회에서 성장했다면, 아마도 그것은 좀더 끔찍한 일일 것이다. 당신은 당신의 회심 이야기가 교회에서 자라나지 않은 사람들과는 전혀 맞지 않는다고 느낄 것이다. 더욱이, 만일 당신이 그리스도를 어린 시절에 만났다면, 당신의 회심 이야기는 지루하게 느껴질 것이다. 아마 지루한 이야기가 맞을 것이다! 사람들은 자기가 아홉 살 때 예수님께 나오게 된 이야기를 흥미롭게 만들려고 애쓴다. 어떤 사람은 이런 식으로 말했다. "나는 교회에 나갔습니다. 그러나 하나님과의 관계는 전혀 없었습니다. 그러다가 내게 죄 문제가 있음을 깨달았습니다. 나는 부모님께 거짓말을 하고 반항을 한 것 때문에 괴로웠습니다. 그리고 나는 예수님을 만났고, 그분의 용서를 받아들였습니다. 나는 달라진 것을 느꼈고, 부모님도 그 변화를 느끼셨습니다." 이 내용을 당신이 어떻게 이해하는지는 중요하지 않다. 어쨌든 하나님으로부터 소원한 전형적인 회의자들에게는 이런 간증이 전혀 흥미롭지 못할 것이다. 아마 이야기를 하는 당사자도 마찬가지일 것이다. 교리가 이야기를 주도하고 있기 때문이다. 그리고 그런 이야기는 어쩐지 중요한 느낌이 들지 않는다.

내 친구 하나는 교회에서 자라났는데, 회심할 사람을 부를 때마다 매번 제단 앞으로 나갔다. 자기가 헤아려 본 바로는, 열여섯 번 정도 '구원을 받았다'고 한다. 그는 어떤 회심 이야기를 간증해야 할까?

내 친구 크리스는 어떤 전도 훈련 프로그램에 참여한 적이 있었다. 한 강의 시간에 참가자들은 회심 이야기를 하는 법에 대해 배웠다. 사람들은 먼저 자신의 이야기를 글로 쓰고, 그 내용을 참가자들 앞에서 말하게 되어 있었다. 어떤 이유에서인지 그 훈련 강사는, 사람들의 이야기에 점수를 매기는 것이 동기 부여도 되고 도움이 되리라 생각한 것 같다.

크리스는 교회에서 자라났고, 극적인 회심의 경험은 없었다(하지만, 그녀는 매우 극적인 '성화 이야기'는 좀 가지고 있었다!). 그녀는 무엇을 써야 할지 몰랐지만 최선을 다해 몇 가지를 적었고, 사람들이 어찌 생각할지 약간 걱정을 하면서 발표했다. 강사는 그녀의 회심 이야기에 C-라는 점수를 주었다!

두말할 것도 없이, 이 경험은 크리스에게 도움이 되지 않았고, 복음 증거에 대한 자신감이나 믿음을 북돋워 주지도 못했다. 그녀의 경험은 분명히 극단적인 사례다. 하지만, 그리스도인들 사이에서는 꽤 일반적인 일이다. 회심 이야기를 글로 쓰고 발표한 다음부터, 다른 사람과 그것을 나누어야겠다는 자신감이나 동기가 사라져 버린다.

그렇다면, 우리는 어떻게 우리에게 맞지 않는 이 대본을 넘어설 수 있을까? 우리의 이야기가 지루하거나 혼란스럽거나 혹은 단조로워 보인다면, 어떻게 우리의 이야기를 함으로써 사람들의 흥미를 끌 수 있을까?

나는 우리가 회심 이야기에만 초점을 맞추지 말고, '변화 이야기'를 하는 법을 배워야 한다고 생각한다. 회심 이야기는 중요하지만, 이는 주로 회심의 시점에 가까이 있는 사람들에게 특별한 의미가 있다. 대부분의 경우 우리와 다른 사람들에게 가장 유익한 일은, 하나님의 실재와 능력에 관한 경험을 말하는 법을 배우는 것이다.

애브너의 이야기는 분명히 회심 이야기다. 게다가 아주 극적이기까지 하다. 우리 대부분은, 애브너처럼 기막힌 회심 이야기를 가질 수만 있다면, 기꺼이 큰 돈도 낼 만한 사람들이다. 비록 그가 회심 전에 살았던 삶을 다 경험해 보려 하지는 않겠지만! 그러나 애브너의 이야기는 또한 변화 이야기이기도 하다. 우리는 모두, 만일 우리가 예수님을 알고 있다면, 적어도 하나 이상의 꽤 괜찮은 변화 이야기를 가지고 있을 것이다. 그것은 아마도 우리가 처음으로 기도를 했거나 죄를 고백한 때에 관한 이야기는 아닐 것이다. 우리는 하나님이 우리에게 가장 생생하고 도전적으로 나타나셨던 다른 여러 순간들을 생각해 볼 필요가 있다.

성경에서 변화를 체험하고 자신의 이야기를 하는 한 사람의 사례를 살펴보자. 이 사람의 예를 통해, 좋은 변화 이야기를 하는 것에 대해 무엇을 배울 수 있을지 생각해 보자.

예수님과의 만남

요한복음 9장에서 한 눈먼 사람이 예수님을 만나고 변화를 체험한다. 그는 곧 주위를 돌아다니며, 심한 압력에도 불구하고 자신의 변화 이야기를 퍼뜨린다.

예수님과 그를 따르는 사람들은 길가에 앉아 있는 한 눈먼 남자를 만났다. 사람들은 그 순간을 고난에 관한 좋은 신학적 논쟁을 시작할 기회로 삼는다. 이 사람이 눈먼 것이 누구의 잘못 때문인가? 이 사람이 지은 죄의 결과인가? 하지만 그는 태어날 때부터 눈이 멀었으니, 어떻게 그가 죄를 지을 수 있었는가? 그렇다면 그의 부모가 죄를 지은 것인가? 예수님 시대에 이런 질문들은 훌륭한 철학적 질문이었다. 그러나 예수님은 신학적 논쟁에 빠지는 미끼를 물지 않으셨다. 그분은 악을 주제로 논쟁하기보다는, 악과 싸우셨다. 오늘날 많은 사람은 악의 문제에 대해 철학적 대답을 주는 것보다, 악에 직면하여 치유와 사랑의 능력을 발휘하는 것이 훨씬 설득력 있다고 느낀다. 그것은 예수님 당시에도 마찬가지였음이 틀림없다!

이 상황에서 핵심은 책임 소재를 따지고 고난에 대해 설명하는 것이 아니다. 중요한 것은 고난에 빠진 사람을 치유하고 변화시키는 일이다. 예수님은 땅에 침을 뱉어 진흙을 만드시고, 그것을 눈먼 사람의 눈에 바른 뒤, 그를 근처의 샘으로 보내어 씻게 하신다. 진흙을 씻어내자, 그는 곧 보게 되었다. 참으로 이상한 치료법이다! 예수님은 무엇을 하신 것일까?

이 기적의 의미를 이해하려면, 당신은 이 이야기의 구약적인 배경을 알아야 한다. 주전 900년경에 이스라엘에서 비슷한 종류의 치유가 예언자 엘리사를 통해 일어난 적이 있다. 나아만이라는 이름의 남자가 나병을 치료

받으려고 이스라엘에 왔다. 엘리사는 이스라엘에 아직도 예언자가 남아 있음을 분명히 보여 주기 위해, 그를 고쳐 주겠다고 약속했다. 엘리사는 나아만을 요단 강으로 보내 목욕을 하게 한다. 강물에서 나올 때, 나아만의 나병은 깨끗이 나았다. 요한복음 9장의 이야기에 등장하는 눈먼 남자는 한 샘에서 씻고 깨끗함을 받았으며, 볼 수 있게 되었다.

구약 성경의 나병 환자의 삶에서 일어난 변화와 요한복음에 나오는 눈먼 남자의 변화는 모두 강력한 것이었다. 그러나 또한 이 기적들은 이스라엘의 예언자 엘리사의 특별한 정체성과, 예언자이며 세상의 빛이신 예수님의 특별한 정체성을 드러내 주었다.

눈먼 사람의 치유는 예수님의 정체성을 드러내는 표지이기도 했으므로, 그 남자는 벌어진 일을 설명하라는 많은 압력을 받게 된다. 종교 지도자들은 예수님이 자신과 자신의 정체성에 대해 주장하는 말을 매우 싫어했다. 그래서 먼저 그들은 그 남자가 과거에 눈멀었던 것을 부인하게 하려고 시도한다. 그 다음에는, 그를 고친 사람이 예수님이라는 사실을 부인하게 하려 한다. 그리고 마지막으로, 예수님이 끔찍한 죄인이었기 때문에 그 일을 행했다고 증거하게 하려고 한다.

그러나 그 남자는 그저 자신의 변화 이야기를 계속 반복해서 말한다. "나는 눈이 멀었었지만, 지금은 봅니다." 그는 어떤 특별한 대본을 가지고 있지 않았다(비록 어떤 사람들이 그의 이야기를 대본이나 공식으로 바꾸어 놓았지만!). 그는 그저 자신이 어떻게 예수님을 만났고, 예수님이 무엇을 하셨으며, 자신이 어떻게 반응했고, 그 결과 자기에게 어떤 일이 벌어졌는지를 말했을 뿐이다. 종교 지도자들은 결국 그 눈멀었던 남자를 회당으로부터 쫓아냈는

데, 그 이유는 그가 예수님으로부터 등을 돌리려 하지 않았기 때문이었다.

나중에 예수님은 그 남자를 만나 변화의 사역을 완결하신다. 최종 결과는 이렇다. 이 눈멀었던 남자는 예수님께 경배했다고 기록된 첫 번째 인물이 된 것이다. 그는 어느 누구보다도 먼저, 예수님이 정말로 누구신지를 보았다. 그리고 그것을 마땅히 보아야만 했었던 사람들, 곧 교회와 가까운 사람들은, 변화를 일으키는 하나님의 임재와 실재에 대해 눈먼 채로 있었다. 오늘날에도 이런 일이 벌어지고 있지는 않을까?

우리가 영적인 변화 이야기를 하는 데 도움이 될 만한 몇 가지 내용을 강조하고 싶다.

1. 그 남자의 문제는 죄가 아니라 보지 못하는 것이었다. 그의 이야기는 자신이 얼마나 죄인이었는지에 초점이 있지 않았다. 오히려 그 이야기는, 다른 모든 사람들이 당연하게 생각하는 만큼, 그가 대단한 죄를 지었거나 나쁜 짓을 하지는 않았다고 반복해서 말한다. 우리는 종종, 만약 우리가 죄에 대해 충분히 말하지 않았다면 전도를 한 것이 아니라고 생각한다. 하지만 그렇지 않다. 이 남자는 눈멀었었고, 육체적으로 그리고 영적으로 치유를 받았다. 누가 계속 그 남자의 죄 문제를 끄집어내려고 하는지 주목하라. 예수님이 아니다. 그 남자 자신도 아니다. 첫 번째로는 예수님을 따르는 사람들이었고, 그 다음으로는 종교 지도자들이었다. 그 남자의 죄에 대해 강박적으로 집착하는 사람들은 바로 종교적인 사람들이었다!

오해를 피하고자, 우리가 나중에 죄 문제도 다루게 될 것임을 미리 말해 둔다! 나는 죄 문제를 언급하지 말라고 주장하는 것이 아니다. 특히 오늘날의 문화는 그 문제를 그냥 내버려 두라고 압력을 가하고 있다. 내 요점은, 우리가 진짜 전도를 하려면 죄에 초점을 맞추어야만 한다고 전제하는 경향은 옳지 않으며, 특히 변화 이야기를 할 때에는 더욱 그러하다는 것이다. 변화의 시기에, 죄와 죄책감은 의식적 경험의 중요한 부분이 될 수도 있지만, 그렇지 않을 수도 있다. 우리는 일어났어야만 한다고 생각하는 일이 아니라, 일어난 일, 경험한 일을 말한다!

2. 눈멀었던 남자의 이야기는, 그가 예수님을 다시 만날 때까지는 별로 신학적으로 복잡하지 않다. 그는 신학이 아니라 체험을 가지고 있었다. 그는 체험을 이야기했다. 나중에 사람들이 그를 압박하기 시작했고, 이후 그가 예수님을 만나 좀더 이야기를 들은 뒤, 그는 자신의 변화 이야기에 신학적 해석을 덧붙였다. 우리는 우리의 영적인 변화 이야기를 신학적 대본이나 해석의 간섭을 받지 않고 말하는 법을 배울 필요가 있다. 해석 부분은 이야기 자체가 사람들의 관심을 끌고 난 후에, 사람들이 그 일을 우리가 어떻게 해석하는지 알고자 할 때 덧붙여진다. 종교적인 사람들이 예수님을 죄인이라고 말하면서 그 사람에게 압력을 가했던 것을 주목하라. 처음에 그 남자는 단순하게 이렇게 말했다. "그 문제에 대해서는 뭐라 말할 수 없군요. 내가 아는 것은 단지 내가 눈멀었다가 지금은 본다는 사실입니다."

신학적 해석에 과도하게 의존하다 보면, 우리 이야기는 신선함을 잃게 되고, 다른 사람과 공명共鳴할 수 없게 되어버린다. 또한, 그저 영적인 변화의 체험을 이야기하기보다 신학적 해석을 먼저 말하고자 하는 경향 때문에 우리는 종종 자신의 이야기로부터도 분리된 느낌을 받는다. 우리의 이야기를 형식에 억지로 맞춘 결과, 이야기는 진실한 개인적 이야기가 지니는 힘을 잃어버리게 된다.

3. 그 눈먼 사람이 자신의 경험을 신학적으로 해석해야 할 때가 되었을 때, 그 해석은 그의 이야기로부터 자연스럽게 흘러나온 것이지, 억지로 덧입혀진 것이 아니었다. 그의 기본적인 플롯은 이렇다. "나는 치유받았고, 예수님이 나를 치료하셨습니다. 선지자만이 그런 일을 할 수 있습니다. 그러니 예수님은 선지자임이 틀림없습니다. 당신들은 모두 그분에 대해 자세히 캐묻고 있군요. 당신들도 그분의 제자가 되고 싶습니까?"

4. 날 때부터 눈멀었던 남자에게 일어난 일의 최종 결과는, 그가 부모와의 연대감도, 자신이 속한 '교회'로부터의 인정도, 친구들과의 관계도 기꺼이 포기하게 된 것이었다. 그의 정체성은 이제 예수님을 향하게 되었다. 그는 예수님 안에서 자신의 정체성을 찾았다. 그리고 그는 예수님께 충성하게 되었다. 이것이 그의 존재를 가장 깊은 곳까지 변화시킨 참된 변화다.

당신의 이야기는 무엇인가?

날 때부터 눈멀었던 남자는 자신의 변화 이야기를 알았고, 큰 반대에 직면한 상황에서도 그것을 잘 말할 수 있었다. 당신은 남에게 들려줄 이야기를 가지고 있는가? 그 이야기가 무엇인지 알고 있는가? 그것을 들려줄 준비가 되어 있는가?

당신의 삶 속에서 하나님을 가장 생생하게 체험한 때는 언제였는가? 당신에게 가장 큰 영향을 끼친 예수님과의 만남은 언제였는가? 삶의 영적인 측면을 가장 생생하게 느낄 수 있었던 때는 언제였는가? 그것이 바로 당신의 핵심적인 이야기이며, 당신은 그것을 나누는 법을 배워야 한다. 그것이야말로 당신이 다른 사람의 영적인 여정을 안내하고자 할 때, 가장 유익하게 사용할 수 있는 이야기이기 때문이다.

만일 당신이 하나님이 살아 계시고, 일하고 계시며, 삶을 변화시키실 수 있다는 증거를 가지고 있지 않다면, 오늘날의 사람들과 나눌 것이 별로 없을 것이다. 왜냐하면, 오늘날 많은 사람은 하나님의 합리성이 아니라 하나님의 실재에 더 큰 관심을 보이는 경향이 있기 때문이다. 당신은 자신의 신앙에 대한 합리적 근거가 있을 것이다. 좋은 역사적 근거도 가지고 있을 것이다. 그러나 당신은 개인적이고 체험적인 증거를 가지고 있는가? 다른 사람들의 경험을 통해서가 아니라 당신 자신의 체험으로, 그리고 당신의 머리에서만이 아니라 가슴으로 예수님이 실재하심을 알고 있는가? 예수님을 따르는 것은 당신의 세계를 흔들어 놓았는가? 만일 그런 증거를 가지고 있지 않다면, 당신이 취할 첫 번째 단계는 그런 경험을 하는 것이다! 직접 경험하지 않고서는, 하나님이 사람들을 어떻게 변화시키시는지에 대해 나눌 수 없다.

나는 내 삶의 모든 시기에 대하여, 내가 경험한 변화 이야기를 말할 수 있다. 그 이야기들은 내가 경험해 온 수많은 갈등과 관련되어 있다. 그 결과 나는 여러 다른 세대와, 다른 삶의 단계와, 다른 사회적 위치에 있는 사람들에게 들려줄 수 있는 변화 이야기들을 가지게 되었다. 만일 당신이 하나님과 살아있고 발전하는 관계를 맺고 있다면, 나와 같은 잠재력이 있는 것이다. 당신의 변화 이야기들은, 하나님을 향한 영적 여정에 있는 다른 사람들에게 줄 수 있는 가장 강력한 선물이다.

대학 시절 나의 변화 이야기는 데이트와 여자친구라는 주제와 관련이 있다. 여학생들은 내가 정체성과 행복감을 발견하는 삶의 중심이었다. 당신은 이 변화 이야기를 「소속감의 원 Circles of Belonging」이라는 소책자에서 읽을 수 있다. 그 변화 이야기는 또한 나의 회심 이야기이기도 하다.

20대 시절 나의 변화 이야기는 인생의 진로 문제에 관한 것이다. 엔지니어로 돈을 벌고 사회적 지위를 얻을 것인가, 아니면 내 가슴을 따라서 내가 가장 은사를 받았다고 느껴지는 일, 내가 다른 사람들의 삶을 위해 가장 잘 기여할 수 있는 일을 할 것인가? 이 시기에 나는 개인적으로 하나님의 음성을 듣는 법을 배웠다. 수많은 사람들이 중요한 결정을 해야 하는 시점에서 기도하면서 방향을 지시받고자 한다. 하지만 그들은 하나님이 그들의 삶 속에 구체적으로 말씀하실 만큼 그들을 깊이 생각하신다는 것을 알지 못한다. 이 시기 나의 변화 이야기는 사람들이 진로를 결정하는 과정에서 하나님의 음성을 인식하고 듣는 것을 배우는 데 격려가 된다.

30대 시절 나의 변화 이야기는 결혼에 관한 것이다. 나는 일 중독자였고 내 정체성의 중심을 일에 맞추고 있었다. 그러는 사이 나는 가장 소중한 관계를 잃어 가고 있었다. 아내는 내가 도대체 왜 결혼을 했는지 이해할 수 없었다. 그녀는 새로 이사온 도시에서 혼자 두 살배기 아이를 키우고 있었고, 외로웠고, 남편의 우선순위가 완전히 헝클어져 있는 것에 화가 나 있었다. 나는 그 즈음 거의 박살이 날 지경이었고, 쏟아져 나오는 뿌리 깊은 문제와 상처를 근본적으로 치유할 방안을 찾아야만 했다. 그 시기를 겪으며 하나님은 내게, 아마도 이전 어느 때보다도 더욱 생생한 실재가 되셨다. 나의 강박감과 궁핍함은 최고조에 다다라 있었다. 나는 하나님의 치유하시는 능력이 누구보다도 더 필요한 상태였고, 내 정체성의 근거도 바뀌어야만 했다. 결혼 생활과 관련된 변화 이야기는, 나와 같은 어려움을 겪는 사람들에게 내가 줄 수 있는 가장 훌륭한 선물이다.

당신은 삶의 모든 단계마다 다양한 경험을 통해 이야기를 지니게 되었다. 당신이 다른 사람과 나눌 수 있는 변화 이야기를 가지고 있지 않다면, 아마도 당신은 정말로 그리스도를 따르는 사람이 아닐 것이다. 당신은 부모님의 신앙이나 교회적 배경에서 오는 힘에 떠밀려 움직이고 있을 수도 있다. 내가 여행 안내자 모델의 복음 증거에 대해 가르칠 때 만나는 사람들 중에는, 스스로 신자라고 생각하지만 삶 속에서 하나님의 실재에 대한 증거를 별로 가지고 있지 않은 사람들이 종종 있다. 그들은 남들에게 들려줄 만한 변화 이야기가 없다. 나는 그들에게, 스스로 하나님의 실재를 찾으라고 도전한다. 어떤 이들은 바로 그때부터 그리스도를 따르는 사람이 된다! 그리고 다른 사람과 나눌 것을 소유하게 된다. 더욱 중요한 것은, 그들이 예수님을 따르는 영적인 모험을 정말로 시작하게 되었다는 것이다.

우리 이야기를 다른 사람의 이야기와 연결하기

변화 이야기를 소유하는 것과 그것을 나누는 것에 덧붙여, 우리는 우리 이야기를 다른 사람들의 필요나 이야기와 연결짓는 기술을 배워야 한다. 그들은 우리 이야기가 그들의 삶이나 자신의 이야기와 관련이 있다고 생각할 때에만 흥미를 느낄 것이다. 어떻게 이 둘을 연결할 수 있을까?

연결 고리는 우리가 공유하는 인간성, 즉 우리가 공통으로 경험하는 갈등과 고난, 필요와 갈망이다. 그러므로 우리는 하나님께 그 공유된 인간성으로부터 무엇인가를 나눌 수 있는 분별력과 기회를 달라고 간구한다. 당신은 어떤 부분에서 당신의 친구에게 공감할 수 있는가? 어떤 식으로 마음을 열고 당신이 가진 필요와 갈등을 드러내야, 친구가 용기를 내어 자신의 마음문을 여는 데 격려가 될 것인가?

당신이 공통된 갈등과 고난, 필요와 갈망을 발견했다면, 이제 당신의 영적 체험과 하나님과의 소통이 그 갈등 속에서 어떻게 도움이 되었는지를 말할 수 있다. 말은 간략하게 하라. 간략한 말이 관심을 끈다. 친구보다 좀더 강하고, 좀더 우월하고, 좀더 성공적인 당신의 영역을 찾지 말라. 대신 서로가 겪은 유사한 갈등과 아픔을 찾으라. 그리고 하나님께 가까이 감으로써 어떤 변화가 일어났는지를 가슴으로 말하라.

말은 적을수록 좋다. 가슴에서 우러나오는 진솔한 말을 몇 마디 한 뒤에는, 당신의 친구가 그 이야기에 얼마나 흥미를 느끼는지 듣도록 하라. 또 당신이 말한 것에 얼마나 공감하는지 물으라. 만일 친구가 흥미를 느낀다면, 당신에게 좀더 이야기를 해 달라고 청할 것이다. 그 대화에 신뢰가 있고 진정성이 있다면, 사람들은 다른 사람의 변화 이야기를 듣는 것을 좋아한다. 진실함이 느껴지고, 진부하지 않으며, 어떤 숨겨진 의도를 가지고 말하는 것이 아니라면, 친구들은 당신의 이야기를 좋아할 것이다.

당신의 갈등, 고난, 필요, 갈망은 당신의 삶이 다른 사람의 삶과 연결되는 가장 좋은 다리다. 그리고 당신의 변화 이야기는 신앙을 나누는 일과 관련하여 당신이 가진 최고의 개인적인 자산이다. 당신이 변화 이야기를 가지고 있다면, 하나님의 사랑과 능력에 대한 훌륭한 증인이 될 수 있다.

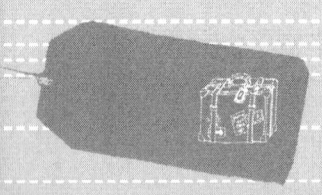

추구자와 회의자는 종종 교회 사람들이 깨끗이 세탁되고
길들여진 예수님을 말할 것이라고 기대한다. 그런 예수님은
당신이 스스로 삶을 통제하고, 이미지를 관리하도록 도와주며,
자기가 하고 싶은 것을 하며 즐기는 것을 방해하는 존재다.

6. 고정관념을 깨뜨리는 예수

마크는 루슨트 테크놀로지라는 중소기업에서 일하는 전문직 젊은이다. 론도 루슨트에 다니고 있다. 론은 마크가 만나 본 사람 중에 가장 성격 좋은 사람이면서, 지갑을 잘 잃어버리고, 위궤양도 있어서 종종 기도를 해주게 되는 친구였다. 나로 따지면 아인슈타인 베이글스의 샘과 같은 사람이다.

어느 날 마크는 론과의 관계가 발전하여 전도로 이어지게 해 달라고 하나님께 기도했다. 마크가 회사의 커피 코너에서 초콜릿 마카다미아넛 커피를 컵에 채우고 있는데, 론이 어슬렁거리며 다가왔다. 그 주초에 마크는 론에게, 자기가 치유 수련회에 다녀왔으며, 큰 고통을 겪던 사람들이 하나님의 능력으로 치유받는 아주 놀라운 일을 보았다는 이야기를 했다. 론은 분명히 그러한 영적인 대화에 반응을 보이고 있었다. 그런데 론이 마크에게 다가와 갑자기 예상치 못한 질문을 던졌다. 론은 자기에게 맞는 믿음을 발견하는 것이 중요하지, 무엇을 믿는가는 별로 중요하지 않다는, 우리 문화에서는 상당히 보편적인 자신의 신념을 말했다. 그리고 마크에게 조금 낯선 목소리로 물었다. "너는 길이 오직 하나뿐이라고 믿는 그런 부류의 사람은 아니겠지? 그렇지?"

당신이라면 어떻게 대답하겠는가? 마크는 기분좋게 커피를 받으며 그 날 할 일을 생각하고 있다가, 갑작스럽게 (어떤 믿음에 대해서든) 착실한 신앙을 가진 신자들이 가장 난감하게 여기는 질문(또는 질책)을 받은 것이다. 마크는 론의 말을 들으며, 만일 자신이 '그런 부류'임을 인정하면, 론이 다시는 기독교 신앙에 대한 이야기를 꺼내지 않을 거라고 생각했다. 어쩌면 론의 질문은 이런 의미일 수도 있었다. "너는 그런 테러리스트가 아니지? 그렇지?" 그가 마크를 정말로 테러리스트로 취급한다는 것이 아니라, 문화적으로 널리 퍼져 있는 인식에 따르면, 길이 오직 하나뿐이라고 믿는 사람들이란 곧 뉴스에 자주 등장하며, 남의 신념을 판단하거나 거부하고, 심지어 자신이 믿는 신의 이름으로 다른 사람을 죽이기까지 하는 사람들이기 때문이다.

다행히 마크는 이 상황에 잘 대처했다. 나는 그의 방법을 추천하고 싶다. 마크의 대답은 이것이었다. "나는 확실히 나와 같이 믿지 않는 사람을 판단하고 거부하는 그런 부류는 아니야. 나는 그런 태도를 혐오하지. 나는 예수님도 그렇게 자기 의를 내세우는 태도를 미워하셨으리라 생각해." 나중에 마크는 내게, 그 말을 들은 론이 안도의 한숨을 쉬는 것 같았다고 했다. 론은 자기가 '그런 부류'와 이야기를 나누고 있지 않은 것을 기뻐했다.

하지만 마크는 거기서 멈추지 않았다. 그는 이렇게 말을 이었다. "그렇지만 그와 동시에 나는 예수님이 하나님께로 가는 유일한 길이 되신다고 믿어. 그런 의미에서 내가 한 가지 물어보자. 너는 전에 사람들이 자기에게 맞기만 하면 무엇을 믿든지 상관이 없다고 했지? 그렇다면 좋은 영성과 나쁜 영성, 좋은 믿음과 나쁜 믿음이 구별될 수 있다고 생각해 본 적 있어?"

론은 마크의 말을 잘 이해하지 못했다. 그래서 마크는 좀더 자세히 말했다. "내 생각에는, 어떤 영성은 명백히 자기 중심적인 것 같아. 그런 영성은 우리를 우리 자신에서 벗어나 다른 사람과 하나님을 사랑하는 자리로 인도하지 않아. 내 생각에 그런 영성은, 비록 흔하기는 하지만 좋은 영성은 아닌 것 같아. 나는 예수님은 자기에게 몰두하는 영성에 반대하셨다고 생각해. 만일 우리의 영성이 우리를 자신보다 훨씬 큰 무엇에 연결해 주지 않고, 또 이타적이 되도록 우리를 자극하지 않는다면, 예수님은 아마도 그런 영성에 반대하셨을 거야. 우리 문화를 채우고 있는 대부분의 영성은 자기 중심적인 영성이야. 확실히 요즈음 사람들은 영적인 일에 관심이 많아. 그러나 그들은 자기 방식대로의 영적인 체험과 영적인 실재를 원해. 그들은 영성을 원하지만, 자신을 바꾸어야만 하는 영성은 원하지 않지. 하지만 예수님은 그런 유형의 영성을 반대하시고 거부하셔. 그분은 사람들을 사랑하시기 때문에 사람들이 자기 중심적인 신념대로 살도록 내버려두실 수 없었어. 이 점에 대해 어떻게 생각해?"

론은 조용해졌고, 마크에게 그 문제에 대해 좀더 생각해 보아야겠다고 했다. 그리고 자기가 술을 너무 많이 마시지 않도록 기도해 달라고 했다. 그가 술 마시는 것이 나쁘다고 생각해서가 아니라, 그것이 자신에게 문제가 될 수도 있다는 염려 때문이었다.

그 날 마크와 론 두 사람은 모두 영적인 여정에서 많은 진보를 이루었다. 마크가 그 자리에서 즉시 문제를 해결한 것은 아니지만, 론이 예수님의 유일하심에 대한 믿음을 향해 한 걸음 더 나아가도록 하는 데 결정적인 도움을 주었다.

나는 예수님이 자신을 통하지 않고는 아버지께로 가는 길이 없다고 하신 말씀이, 그 말씀 그대로를 의미하는 것이라고 믿는다. 예수님은 고유한 방식으로, 하나님 아버지와의 관계로 들어가는 유일한 길이 되신다. 그러나 나는 론과 같은 질문을 받을 때면, 그 말씀에 대해 그들이 가진 전형적인 생각과 오해가 무엇인지 먼저 주의를 기울인다. 그리고 마크처럼 나 역시 그런 오해나 전형적인 사고 방식에 말려들지 않는다.

예수님도 사람들이 예수님을 함정에 빠뜨리려는 질문을 던질 때마다, 그들의 방식이 아닌 자신의 방식으로 대답하셨다. 그들의 전형적 사고 방식에 말려들지 않으셨던 것이다. 오늘날 우리도 같은 도전에 직면하고 있다. 현대의 추구자, 회의자들과 예수님에 대해 이야기를 나눌 때, 진정하고도 도전적인 영적 대화로 들어가려면, 그러한 전형적인 생각을 깨뜨리는 것이 매우 중요하다.

진부한 예수

당신이 어떤 모델의 복음 증거 방법을 택하든지, 언젠가는 예수님이라는 핵심 이슈에 도달하게 된다. 오늘날 사람들은 자신이 예수님을 알고 있다고 생각한다. 또한 그들은 그들을 회심시키려고 애쓰는 교인들과 예수님에 대해 이야기하는 것을 원치 않는다. 추구자와 회의자 역시 교인들이 예수님을 진부하고 재미없는 방식으로 말한다고 여긴다.

추구자와 회의자는 교인들이 이런 종류의 말을 하리라고 예상한다.

- 나는 예수님을 내 마음에 모셨습니다.
- 당신은 구원받았습니까?(거듭났습니까?)
- 예수님은 당신을 사랑하십니다.
- 나는 진리를 발견했습니다. 당신은 발견했나요?
- 예수님이 당신의 삶을 변화시키실 것입니다. 그분은 당신을 충만케 하실 것입니다.
- 질문이 무엇이든 간에 대답은 예수님입니다!

추구자와 회의자는 교인들이 으레 깨끗이 세탁되고 길들여진 예수님을 말할 것이라고 생각한다. 그런 예수님은 당신이 스스로 삶을 통제하고, 이미지를 관리하도록 도와주며, 하고 싶은 것을 하며 즐기는 삶을 방해하는 존재다.

그러나 나의 IVF 동료 한 사람이 즐겨 말하듯이, 예수님은 두부 같은 존재가 아니라 깜짝 사탕과 같은 존재다. 이 말이 무슨 뜻인지 설명해 보겠다. 나는 일식을 좋아한다. 나는 일식집에 갈 때마다 미소 된장국을 주문한다. 미소 된장국에는 보통 두부 몇 조각이 떠 있다. 두부는 결코 강한 자극을 주지 않는다. 순하고, 싱겁고, 부드럽다. 두부는 함께 먹는 다른 재료들의 맛을 돋워 준다. 또는 경우에 따라 맛을 완화시킬 수도 있다. 그러나 두부가 요리의 성공과 실패를 좌우하는 법은 없다. 항상 배경적인 역할을 하며, 꼭 필요하긴 하지만 별로 눈에 띄지는 않는다.

반면 깜짝 사탕은 아주 다르다. 몰래 살금살금 다가온다. 그래서 처음에는 그저 맛있는 알사탕이나 좀 딱딱한 사탕을 빨고 있다고 생각한다. 하지만 전혀 상상치도 못한 순간에 당신의 입 속에 쏘는 향과 신맛을 폭발시킨다.

예수님은 이런 깜짝 사탕과 같은 분이다. 처음에는 아무런 충격을 주지 않을 것처럼 보인다. 그러나 당신이 정말로 예수님을 만난다면, 삶에서 그분처럼 놀라운 변화를 일으키는 것은 없다.

예수님을 둘러싼 우리의 고정 관념은 무엇인가? 무엇이 그분을 적당히 수정된 진부한 예수로 만드는가? 많은 사람이 다음 내용을 친숙하게 느낄 것이다.

- 예수님은 스웨덴 출신의 푸른 눈을 가진 인물이다. 특히 당신이 백인종에 속한다면 더욱 그렇게 여겨질 것이다. 많은 유럽계 교회에는 이렇게 그려진 예수님의 초상이 달려 있다.
- 예수님은 항상 친절한 분이다. 그분은 항상 친절한 눈빛으로 당신을 바라보고 계시며, 누구에게든 거친 말을 하는 법이 없으시다. 물론 예수님은 남을 저주하거나 언성을 높이지도 않으실 것이다. 너무나 거룩하신 분이기 때문이다!
- 예수님이 가장 좋아하는 취미는 양을 끌어안는 것이다. 우리가 어린 시절에 보던 예수님 그림에는 예수님이 항상 양이나 어린 염소를 안고 계신다.

- 예수님은 신비하고 깊은 생각에 잠긴 듯한 분위기를 지닌, 속세를 초월한 분이다. 우리는 예수님이 잔치에 참여하거나 야구를 하는 모습을 상상하지 않는다.
- 예수님은 갈등을 싫어하신다. 그분은 언제나 상황을 좋은 쪽으로 해석하고, 비판하는 사람들에게 온유하게 답하시며, 다른 쪽 뺨을 돌려 대시는 분이다.

이처럼, 우리는 귀에 거슬리지 않는 예수님, 순종적이고 위안을 주는 예수님의 이미지에 따라 종교 생활을 하며, 이미지를 관리하고 삶을 통제하며 살아간다. 그는 도깨비 상자 같은 분이어서 언제 튀어나올지 예측할 수 없다. 하지만 당신은 그가 어떻게 생겼을지 잘 안다. 진부한 모습을 한 그는 인위적인 냄새를 풍긴다. 절대로 귀에 거슬리는 법이 없으며, 삶의 모든 문제에 대한 만병통치약이시다.

고정 관념을 깨뜨리는 예수

하지만 성경과 씨름하는 동안 우리는 예수님이 무미건조함과는 아주 거리가 먼 분임을 발견한다. 그분은 정반대의 것들이 혼란스럽게 섞여 있는, 깜짝 사탕에 가까운 분이다.

예수님은 만나는 모든 것, 모든 사람과 강렬한 사랑 혹은 미움의 관계를 일으키는 분이었다. 그가 누구를 사랑하시고 무엇을 좋아하셨는지, 누가, 그리고 무엇이 그분을 사랑하거나 미워했는지를 살펴보면 깜짝 놀라게 된다.

그분은 죄인, 병자, 나병환자, 창녀, 술주정뱅이, 노동자 같은 부류의 사람들과 어울리셨다. 만일 당신이 이류 시민이며, 실패자이고, 종교적이지 않으며, 교회나 영적인 부류로부터 소외된 존재라고 느꼈다면, 틀림없이 예수님은 당신과 어울리는 것을 좋아하셨을 것이며, 당신 또한 그분을 좋아했을 것이다.

반대로 예수님은 당시의 종교 지도자들과 함께 종교 단체에서 시간을 보내는 것을 별로 좋아하지 않으셨다. 그분은 그들이 동정심이나 사람이나 하나님이 아닌, 돈과 이미지와 지위에 더 관심을 둔다고 느끼셨다. 한번은 당시의 가장 중요한 종교 기관이었던 성전에 들어가셔서, 상들을 뒤엎으시고, 짐승들을 몰아내고, 사람들에게 채찍을 휘두르시기도 했다. 두부와는 한참 거리가 멀다. 그분은 당시의 종교 기관들이 가난한 사람과, 여자와, 타 문화권 사람들이 하나님을 만날 수 있도록 돕지 않는 것에 대해 크게 분노하셨다(막 11장을 보라).

당신은 종교 단체로부터 소외받는다고 느낀 적이 있는가? 또는 그들과 연결되거나 관계를 맺기가 어렵다고 느낀 적이 있는가? 그들이 드러내놓고 돈과 이미지와 통제하는 일에 초점을 맞추는 모습에 괴로웠던 적이 있는가? 그렇다면 아마 당신은 스스로 생각하는 것보다 더 예수님과 잘 맞는지도 모른다. 예수님은 또한, 상반된 요소들이 기이하게 결합된 분이다. 믿을 수 없을 만큼 인간적이고, 누구든지 다가갈 수 있는 분이었다. 그러나 그분은 또한 거리낌을 느낄 만큼 우리와는 다른 분이다.

그분은 삶을 즐기는 면에서는 인간이셨다. 잔치에 참여하셨고, 대식가셨고, 친구들과 어울리셨고, 긴장을 풀고자 한적한 곳에 나가 쉬셨다. 그가 처음으로 행하신 기적은 물을 포도주로 바꾸어 잔치집 분위기를 신명나게 바꾸시는 것이었다!(요 2장) 그분은 또한 외로움과 고통을 느끼신 점에서 인간이셨다. 죽음 앞에서 우셨고, 배고파하셨고, 피곤해하셨고, 유혹을 받으셨다. 또한 외로움과 모욕감을 느끼셨고, 친구가 필요하셨다. 하나님께 자신의 환경을 바꾸어 달라고 기도하셨고, 기도가 응답되지 않는 것을 경험하셨고, 아주 고통스럽게 죽음을 맞이하셨다.

하지만, 그분은 또한 이상할 정도로 우리와는 다른 분이었다. 사람들을 치유하셨고, 죄를 용서하셨고, 가장 비천한 사람들과 자신을 동일시하셨다. 친구의 죽음 앞에서, 나와 당신처럼 우셨다. 그러나 그 후에 그분은 아주 특별한 일을 행하셨다. 친구를 죽음에서 일으키신 것이다. 요한복음 11장은 그 이야기를 들려준다. 예수님 자신은 가장 고통스럽고 치욕스런 죽음을 당하셨다. 우리도 모두 예수님처럼 언젠가는 죽게 될 것이다. 그러나 예수님은 죽음에 머물러 있지 않으셨다.

우리를 어리둥절하게 만드는 예수님의 또 다른 측면은 그분의 지독하게 꼿꼿한 겸손이다. 그분은 겸손하며 이타적인 사람이었다. 그분은 제자들의 발을 씻겼는데, 그 일은 노예나 종에게 맡겨야 할 일이었다. 그분은 자신의 능력을 지배가 아니라, 섬김과 사랑을 위해 사용하셨다. 그분은 아무도 관심을 두지 않는 사람들을 돌아보셨다. 그러나 그분은 또한 놀라울 정도로 교만했다. 그분은 이렇게 말했다. "내가 곧 길이요, 진리요, 생명이니, 나로 말미암지 않고는 아버지께로 올 자가 없느니라." 한 눈먼 사람이 경배했을 때, 그리고 한 의심 많던 사람이 발 앞에 엎드려 그분을 "나의 주, 나의 하나님"이라고 불렀을 때, 스스럼없이 그들의 경배를 받으셨다. 사형

선고를 받기 직전에는, 예루살렘을 지배하던 본디오 빌라도에게 그는 그분에 대해 행사할 어떤 진정한 권한이 없다고 말씀하셨다. 이런 태도들은 친구를 사귀거나 사람들에게 영향을 끼치는 데에는 그리 좋은 방법은 아니다.

두부인가, 깜짝 사탕인가? 당신은 진짜 예수님을 만난 적이 있는가? 당신은 예수님에 대한 전형적인 이미지들을 넘어서서 신선한 시각으로 그분을 바라본 적이 있는가? 그런 시각을 갖게 된다면, 그것은 당신에게 잊지 못할 모험이 될 것이다. 당신이 회의자든, 또는 수년 간 예수님을 따랐던 사람이든 간에, 그것은 분명 당신의 삶을 바꾸어 놓을 것이다.

껄끄러운 질문들

몇 장 앞에서 나는 당신에게, 추구자나 회의자가 종종 지닌, 하나님과 그리스도인과 교회에 대한 깨어진 신뢰가 영적인 대화의 장애물이 아니라 기회가 될 수 있다는 점을 생각해 보라고 도전했다. 당신이 그들의 불신에 자신을 동일시하며 출발하기만 하면, 이것은 충분히 가능한 일이다. 그와 유사하게, 이 장에서 나는 추구자와 회의자에게서 듣는 가장 껄끄러운 질문들을 의미 있는 영적 대화와 상호 교류의 기회로 여기라고 도전하고 싶다.

내가 가장 자주 듣는 질문들은 다음과 같다.

1. 예수님만 유일한 길이라는 것, 당신은 옳고 다른 모든 사람은 그르다는 것을 어떻게 믿을 수 있는가? 너무 편협한 생각이다.
2. 어떻게 다른 사람의 생활 방식과 정체성을(예를 들어 게이나 레즈비언) 판

단할 수 있는가? 다른 사람의 심판자 노릇을 하려는 듯한 지나친 태
도다.
3. 나 또는 내가 사랑하는 사람이 고통을 받을 때, 하나님은 어디에 계
셨는가? 하나님이 실재하는 것을 어떻게 알 수 있는가?

나의 책 「선입견을 깨뜨리는 전도Evangelism Outside the Box」에서, 나는
이런 질문들 뒤에는 좀더 근본적이고 먼저 다루어야 할 문제가 존재한다
고 말했다. 이런 근본적인 질문들은 다음과 같은 것들이다.

1. **권력과 동기에 관한 질문.** 오늘날 많은 사람에게 우리는 우리의 논리
를 가지고 권력을 쥐려 하는 또 다른 종족, 또는 이익 집단일 뿐이다.
2. **정체성에 관한 질문.** 당신들 그리스도인들은 어떻게 다른 사람들이
어떤 존재인지 안다고 말할 수 있는가? 각 사람은 스스로 자신의 의
미와 정체성을 창조해야만 한다.
3. **신뢰에 관한 질문.** 내가 왜 당신을 믿어야 하는가? 인종 차별, 성 차
별, 동성애 공포증, 십자군 전쟁, 종교 전쟁 등 신자들이 해 놓은 일을
돌아보라. 당신들은 계속해서 남을 배제하는 선을 긋고 있다.
4. **공동체에 관한 질문.** 당신들이 세상을 바라보는 눈은 철저하게 자신
의 공동체와 출생지 중심적이지 않은가?

예수님은 그 시대의 껄끄러운 질문들을 접할 때마다 아주 슬기롭게 대
답하셨다. 그래서 그분과 이야기를 나누는 사람들은 강렬하고도 확연한

결단의 순간을 직면하게 되었다. 예수님은 예상치 못한 방식으로 그런 순간을 사람들에게 도전을 주는 기회로 삼으셨다. 어떤 전형을 따르지도, 질문자들의 규칙을 따르지도 않았다. 다만 그분은 종종 질문의 배후에 있는 질문을 먼저 다루셨다. 그렇게 하심으로써, 먼저 질문자들의 전형이나 규칙을 깨뜨리셨다. 그런 후에 하나님과 영성에 대한 사람들의 잘못된 이해 방식을 공격하셨다. 그 좋은 예가 니고데모라는 사람과의 만남이다(요 3장).

종교적 엘리트주의를 깨뜨리다

니고데모는 다른 사람이 보지 못하도록 밤중에 예수님을 찾아왔다. 우리는 니고데모가 남몰래 예수님을 방문해야만 했던 이유를 완전히 알 수는 없다. 그러나 요한은 우리에게 약간의 실마리를 준다. 그는 니고데모가 예수님을 방문하기 직전에, 예수님이 성전에 들어가신 이야기를 들려준다. 당시 성전은 문화적으로나 종교적으로 가장 중요한 기관이었다. 종교 기관을 포함하여, 문화적으로 가장 강력한 지지를 받는 기관을 보면, 종종 그 시대와 나라의 영을 분별할 수 있다.

성전에서 예수님은 끈으로 채찍을 만들어 양과 가축들을 몰아내셨다. 이 장면을 유의해서 보라. 예수님이 양들을 끌어안는 대신 채찍으로 내모신다. 그리고 장사를 위해 설치된 모든 시설과 상을 뒤집어엎으신다. 마지막으로, 물건 팔던 자들에게 썩 나가라고 호통을 치신다. 그들은 일반인들과 타 문화권의 사람들이 기도하며 하나님을 만나야 할 장소(성전의 바깥쪽 부분인 '이방인의 뜰'을 말한다—역주)를 돈벌이가 되는 시끄러운 사업장으로 바꾸어놓았다. 그것을 본 예수님은 거룩한 분노를 발하셨다. 그리고 자신의 몸으로 성전을 대치하겠다는 수수께끼 같은 말씀을 하셨다. 이 말에 종교 지도자들은 경악했고, 예수님을 따르던 사람들은 크게 당황했다. 예수님의 죽음과 그 이후의 사건들이 벌어질 때까지 그들은 이 말을 이해하지 못했다.

자주 성전에서 모임을 가졌던 유대인 공의회 의원 니고데모는, 이 폭풍 같은 사건이 벌어진 다음에 예수님을 방문했다. 따라서 그가 밤중에 찾아온 것은 놀라운 일이 아니다. 그의 동료 의원들은 아마도 영적인 질문을 가지고 예수님을 찾기는커녕, 예수님을 향해 저주를 퍼붓고 있었을 것이다.

그 밤에, 니고데모는 예수님이 행하신 기적들에 대해 경의를 표하며, 그런 놀라운 일들을 행하는 것을 보면, 예수님은 하나님이 보내신 랍비가 틀림없을 것이라고 말한다. 하지만 예수님은 그에게 그의 종교적인 학식이 거의 아무런 쓸모가 없다고 대답하신다. 또한 니고데모가 이스라엘의 선생이면서도 영적인 실재에 관해 초보적인 것도 알지 못한다고 지적하신다. 즉 예수님은 니고데모가 자신의 학식과 종교적 성취에 대한 자만심을 내려놓고 새롭게 시작해야 한다고 말씀하시는 것이다. 이처럼 '육체'의 눈, 세상과 그 시대의 정신에 따라 사물을 바라보는 눈은 결코 아무것도 보지 못한다. 오직 하나님의 영으로 밝아진 눈만이 하나님의 시각으로 사물을 볼 수 있다.

예수님은 종교 지도자라면 어떤 말을 해야만 한다고 생각한 니고데모의 고정 관념을 깨뜨리고 그 규칙을 바꾸신다. 니고데모는 예수님을 시험해 보러 왔지만, 예수님은 판 자체를 뒤집어 버리신다. 그분은 자기 시대의 정신에, 적어도 그 정신이 당시의 이스라엘에서 표현된 방식에 맞섬으로써 그렇게 하셨다.

예수님 당대의 정신은 바로 종교적 엘리트주의였다. 사람들은 자신을 '순결'하게 지키고, 하나님을 올바른 방식으로, 올바른 장소에서 예배한 자들이 다른 사람보다 나으며 하나님께 용납될 만하다고 믿었다. 그러나 예수님은 이런 편협한 사고로 남을 판단하는 배타적 영성에 반대하셨다. 종교적인 부류의 사람들이 예수님을 별로 좋아하지 않았음은 당연하다. 예수님은 그들에게 어린아이처럼 되라, 다시 시작해야 한다, 포용적이 되라, 성령으로 태어나라고 하시며 그들이 세상을 바라보는 방식을 송두리째 흔들어 놓으셨기 때문이다. 그러나 그분은 자신의 메시지를 전달하는 과정에서 대화의 틀 전반을 새롭게 짜심으로 그들의 주의를 끌어내셨다. 예수님이 거듭남에 대해 말씀하신 내용에는 표어나 진부한 용어가 섞여 있지 않았다. 길 잃은 미천한 자들은 지금 하나님께 돌아올 만한 겸손을 지녔으나, 영적으로 교만한 자들은 하나님으로부터 배제되고 있다는, 전혀 새로운 방식의 말씀이었다.

영적 소비자주의에 대항하다

종교적 엘리트주의 정신은 오늘날에도 여전히 건재하다. 그렇기 때문에 우리는 자신 속에서, 그리고 다른 사람 안에서, 그 정신을 만날 때마다 그것에 맞서야 한다. 그러나 나는 우리 시대의 가장 지배적인 정신은 (적어도 서양에서는) **영적 소비자주의**라고 말하고 싶다.

오늘날 사람들은 영성을 좋아한다. 하지만 그들은 자기 나름의 영성을 만들고 싶어한다. 21세기 사람들에게 영성은 마치 뷔페 같다. 그들은 줄을 서서 자신이 끌리는 영적인 아이디어를 고른다. 당신이 그리스도를 따르기로 하면 그것도 좋은 것이다. 배가 뜨기만 하면 된다는 것이다. 그러나 그들이 반드시 당신과 똑같은 것을 선택할 것이라고 기대하지는 말라. 당신에게 진리인 것이 그들에게는 진리가 아닐 수도 있기 때문이다.

이런 영적 소비자주의 정신은 일반 문화 속에서만 드러나는 것이 아니다. 그것은 부지불식간에 교회 안에도 널리 퍼져 있다. 더구나 이런 정신을 뉴에이지의 냄새를 풍기는 자유주의 교회들뿐만 아니라 보수적인 교회들 속에서도 발견할 수 있다. 사람들은 이 교회 저 교회로 옮겨다닌다. 그들은 각 교회를 영적인 소비자의 관점에서 바라보며, 이런 접근 태도 자체를 의문시하지 않는다.

어느 시점에서 우리는 사람들과 시대 정신에 맞서야 한다. 지금은 '자기 영성'의 시대다. 우리는 이런 '나 중심'의 영성에 맞서야 한다. 하지만 우리는 한편으로 그렇게 해야만 할 것인지를 고민한다. 분명 그런 태도는 사람들의 기분을 상하게 할 것이기 때문이다.

하지만 예수님에 관한 좋은 소식은 영적 소비자주의가 받아들이는 다양한 영성과는 근본적으로 다르다! 우리는 무관심과 무감각에 대항해야만 한다.

기독교 신앙은 인간은 하나님이 아니라고 단언한다. 이는 별로 좋은 소식처럼 들리지 않을 것이다. 그러나 그것이야말로 정말 좋은 소식이다! 만일 우리가 하나님이라면, 사람들은 세상을 난장판으로 만들어 놓을 것이다. "브루스 올마이티Bruce Almighty"라는 영화에서, 신적 능력을 갖게 된 브루스는 모든 기도에 응답해 주는 방법을 생각해 낸다. 하지만 모든 사람이 자기가 원하는 것을 가지게 되자, 세상은 완전히 무질서한 곳으로 전락해 버린다. 예를 들어, 복권을 산 사람들은 모두 1등이 되게 해달라고 기도한다. 그리고 정말 복권 1등에 당첨되자 처음에 사람들은 뛸 듯이 좋아한다. 하지만 너무 많은 사람이 당첨되어 모든 사람이 1달러 50센트씩만 받게 되었다는 사실을 알게 되자 폭동이 일어난다.

우리는 도덕적인 책임을 져야 하는 존재이며, 언젠가 하나님 앞에 설 때 심판을 받을 것이다. 그것은 아마도 나쁜 소식처럼 들릴 것이다. 그러나 이것 역시 **좋은** 소식이다! 만일 모든 것이 허용되고, 사람들의 어떤 행동도 문제 삼지 않는다면, 정의는 절대 이루어지지 않을 것이며, 세상은 살 만한 곳이 되지 못할 것이기 때문이다. 그러므로 우리가 책임을 지는 존재라는 사실은 좋은 소식이다.

만일 당신과 내가 하고 싶은 것은 무엇이든 하기로 결심하고 행동한다면, 우리는 그에 따른 심판을 받을 것이다. 그것은 개인에게는 나쁜 소식일 수도 있다. 그러나 정의와 책임이 절대적으로 필요한 이 세계를 위해서는 그것이 좋은 소식이다.

하나님은 절대자이시므로, 인간이 어떤 존재가 되어야 하는지를 정하시고 심판하신다. 이것은 나쁜 소식이 아니다. 오히려 좋은 소식이다. 무질서와 혼란을 벗어나는 길이 존재하기 때문이다.

이 시대의 영적 소비자주의는 굉장히 좋은 계약 조건을 제시하는 것처럼 보이지만, 그것이 우리를 최종적으로 인도하는 곳은, 자기 몰두, 자기 중심성, 허탈감, 그리고 궁극적으로는, 우리 존재 중심의 죽음이다. 성경은 바로 이런 자기 중심성을 죄라고 부른다. 그리고 그러한 죄의 최종 결과는,

하나님도 없고 소망도 없는, 홀로 된 자아들의 지옥이다.

그러므로 궁극적으로 나 중심의 영성은 헛되고 혐오스런 것이다. 그것을 일반 문화에서 발견하든, 또는 교회 안에서 발견하든 마찬가지다.

그렇다면 우리는 어떻게 나중심의 영성에 도전할 것인가?

먼저, 우리는 우리 자신 속에 있는 나 중심의 영성에 직면해야 한다. 먼저 우리의 삶이 변화되어야만 다른 사람에게 진정한 도전을 줄 수 있다. 당신은 이 공동체, 저 공동체를 옮겨다니는가? 당신은 영적 소비자주의라는 질병에 감염되어 있는가? 당신은 교회 분열에 일조하지는 않았는가? 당신은 보편 구원과 도덕적으로 모호한 영성을 가르치는 교회의 일원인가? 당신은 예수님의 성품 중 당신이 편안함을 느끼는 부분에만 초점을 맞추는가? 첫 번째 단계는, 영적 소비자주의가 우리의 마음과 습관에 영향을 끼침으로 드러나게 된 삶의 방식을 보고, 시인하고, 그것을 버리는 것이다.

나는 내가 인도하고 참여했던 몇몇 치유 집회에서 나 자신이 나 중심의 영성으로 기우는 경향이 있음에 직면해야만 했다. 때로는, 다른 사람들이 나의 문제를 지적해 주기도 했다. 그러면서 나는 내가 '하나님을 느끼는' 극적인 경험이 반복적으로 일어나기를 바라고 있음을 깨닫게 되었다. 한편으로는, 기도를 받으러 나온 사람들 또한 도전해야 했다. 그들은 하나님께 치유를 구하고 있었지만, 그들의 필요에 대해 자기 중심적으로 초점을 맞추는 태도에서 벗어나려 하지 않는 것 같았다. 그래서 때때로 나는 이런 질문을 던져야만 했다. "잠깐만이라도 당신 자신이 아닌 다른 것을 생각할 수 없습니까?" 이러한 영적 소비자주의는 우리 문화 속에 이미 널리 퍼져 있고 부지불식간에 우리 모두에게 영향을 끼치고 있다.

다음으로, 우리는 예수님이 어느 부분에서 영적 소비자주의에 맞서고 계신지를 보고, 그에게 배워야 한다. 때로 우리가 가진 '은혜의 복음'은 변화를 회피하고서도 예수님을 받아들일 수 있다고 말하는 것 같다. 우리가 복음을 그렇게 이해할 때, 그것은 **값싼** 은혜의 복음이 된다. 몇 달 간 산상수훈을 연구하고 그 말씀대로 살아보라. 그 훈련을 통해 당신의 삶 속에 값싼 은혜의 복음과 우리 문화 속에 흐르는 영적 소비자주의를 폭로하도록 하라. 분명 당신은 변화될 것이다.

마지막으로, 우리는 사랑으로 맞서는 법을 배워야 한다. 즉 사람들이 우리에게 "배가 뜨기만 하면 되지"라고 말할 때, 우리는 적절한 대응을 준비하고 있어야 한다. 예를 들어, "그래. 하지만, 네 배가 타이타닉 호는 아닌지 먼저 확인해! 나쁜 영성, 파괴적이고 삶의 토대를 갉아먹는 영성도 있지 않니? 나는 많은 영성이 사람들을 자기 몰두와 자기 중심성에서 벗어나도록 도와주지 못하는 것을 보곤 해. 만일 영성이 우리를 자기 중심성과 자기 몰두에서 벗어나 더 큰 삶과 더 넓은 관점으로 나가도록 이끌어주지 못한다면, 그 영성은 나쁜 영성이라고 생각해. 네 생각은 어떠니?"

이처럼 우리가 나 중심의 영성에 맞설 때, 사람들은 우리를 좋아하지 않을 것이다. 내 친구 데이브가 생각난다. 우리는 모두 데이브가 그리스도인이 되었다고 생각했다. 그는 '영접 기도'를 했고, 정기적으로 교회에 출석하고 있었고, 세례도 받았다. 하지만 나중에서야 우리는 데이브가 예수님에 대해 무엇을 믿고 있었는지 알게 되었다. 그는 예수님을 소설 「다 빈치 코드」에 나오는 예수님과 비슷한 방식으로 이해했던 것이다. 그에게 있어 예수님은 통찰력이 뛰어나고 혁명적이지만, 당신이나 나의 신성함 이상으로 특별한 신성을 가진 분은 아니었다. 그 예수님은 우리 모두 안에 있는 신적 잠재력을 표현하신 분이기에, 우리는 여전히 거리낌 없이 우리가 원하는 대로 살 수 있다는 생각이었다. 나중에 내가 그러한 데이브의 관점을 발견하고 지적하자, 그는 아주 감정이 상하여 다시는 나를 보지 않으려고 했다.

우리 세대의 영적 소비자주의는 강력한 영적 속임수이기 때문에 사람들은 거기서 쉽사리 벗어나지 못한다. 그것을 도전할 때 대개 사람들은 기분 나빠하며, 자신이 주도권을 쥔 채로 선택할 수 있는 변형된 신앙을 더욱 붙잡으려 애쓴다. 그럴지라도 우리는 묵묵히 예수님의 발자취를 따라야 한다. 예수님도 그 세대의 정신에 맞섬으로써 많은 사람을 화나게 하셨다. 그래서 나는 예수님의 유일하심을 말할 때 사람들이 기분 나빠하는 반응을 보아도 별로 신경을 쓰지 않는다. 나는 다만 사람들이 올바른 이유로 사람들이 기분이 나빠지기를 바랄 뿐, 세상에 오직 하나의 길만 존재한다고 믿는 사람들의 전형을 인정해 주고 싶은 마음은 조금도 없다.

사람들이 우리에게 물을 것이다. "어떻게 예수님만이 유일한 길이라고 믿을 수 있니? 어쩌면 그렇게 편협할 수 있어?" 그들이 기대하는 전형적인 대답을 깨뜨리고, 먼저 던져진 질문 배후에 있는 신뢰의 질문에 대답하자. 그렇게 하면 우리는 토론의 틀을 바꿀 수 있으며, 반전을 만들 수 있다. 또 우리는 이렇게 말할 수 있다. "나는 내가 옳고 다른 사람들은 전부 틀렸다고 생각하는 그런 부류는 아니야. 나는 그런 교만과 자기 의는 참지 못해. 나 역시 날마다 새로운 것을 배워가는 중이야. 그렇지만, 나는 정말로 예수님이 고유한 방식으로 하나님과의 관계를 향해 나가는 길이 되신다고 생각해. 그런 점에서 내가 **네게** 한 가지 물어보자. 우리가 무엇을 믿는지가 정말 중요한 것이라고 생각하지 않니? 너는, 우리 마음에 들기만 하면 믿고 싶은 것은 무엇이든 믿을 수 있다고 말하는 상대주의자들의 생각이 정말 옳다고 생각하니?" 그리고 거기서부터 시작할 수 있다. 하나님이 우리에게 우리 시대의 정신인 영적 소비자주의에 대항할 수 있는 용기를 주시기를 기도한다.

어떤 껄끄러운 질문이 던져질지라도 우리는 먼저 질문 배후에 있는 질문에 귀를 기울이고, 그 전형을 무너뜨리며, 우리의 확신을 말하고, 질문을 바꾸어 던져야 한다. 이런 질문들은 좀더 깊은 대화를 갖게 하며, 관계가 더 깊어지는 중요한 기회를 마련해 줄 것이다.

예수님에 대해 말하기

친구들과 영적인 여정에 관한 대화를 나눌 때, 분명 예수님은 그들을 놀라게 하실 것이다. 깜짝 놀라게 튀어나오시기 때문이 아니라, 그들이 기대했던 것과는 다른 모습으로 나타나시기 때문이다. 사람들은 대부분 교회에서 보게 되는 진부한 예수님에 대해 거부감을 느낀다. 그러나 그들은 고정 관념을 벗어난 예수님에게는 매력을 느끼며 만나 보고 싶어한다.

결국, 복음 증거는 전부 예수님에 관한 이야기다. 비록 예수님이 자신의 이야기 속에 우리의 이야기도 포함하셨지만, 그래도 전도는 당신에 관한 일도 아니고 나에 관한 일도 아닌, 전부 그분에 관한 일이다. 그래서 복음을 전하다 보면, 얼마 안 가 우리는 예수님에 대해 말하게 된다. 그때 우리는 어떻게 접근해야 하는가? 어떻게 예수님을 우리의 화제로 삼을 수 있는가? 어떻게 예수님이 초점이 되게 할 수 있는가? 어떻게 사람들의 기존 지식과 무관심의 장벽을 극복할 수 있는가?

이 시점에서 우리에게 필요한 핵심적인 대화의 기술은, 전형을 깨뜨리고 냉담함을 뚫을 수 있는 방식으로 예수님을 끌어들이고, 그분에 대해 말하는 것이다. 우리의 핵심 질문은 바로 이것이다. 예수님은 어떻게 그분에 대한 우리의 전형을 깨뜨리시는가? 어떻게 사람들에게 고정 관념을 깨뜨리는 예수님, 종교성을 미워하고, 파티를 위해 기꺼이 포도주를 만드시고, 약자를 대변하시고, 콧대 높은 사람들과 스스로 의롭다고 생각하는 사람들에게 지옥을 선물하시는 예수님을 소개할 수 있는가? 우리는 어떻게 진짜 예수님에 대해 말하는 법을 배울 수 있는가?

고정 관념을 깨뜨리는 추구자 소그룹

많은 교회와 선교 단체가 '하나님을 찾는 모임'(GIG: group investigating God), 또는 추구자 소그룹이야말로 오늘날 사람들이 예수님에 대해 이야기를 나눌 수 있는 아주 강력한 방법임을 발견했다. 추구자 소그룹을 시작하는 데 필요한 것은, 단지 한 사람 이상의 불신자 친구다. 추구자 소그룹은 둘 이상의 사람들로 이루어진 영적인 토론 그룹이다. 추구자 소그룹에 대해 좀더 알고 싶다면, 이 책 뒤에 소개하는 자료들이 큰 도움이 될 것이다.

내가 참여했던 소그룹 중 가장 놀라웠던 추구자 소그룹에 대한 이야기를 나누고 싶다. 당신에게 그 그룹이 어떻게 움직이며, 그 안에서 일어나는 일이 얼마나 흥미진진한지 알려주고 싶기 때문이다.

내가 처음으로 추구자 소그룹을 시작한 것은, 나에게 미안함을 느낀 다섯 명의 십대와의 만남을 통해서였다. 그것은 어느 여름에 내가 아일랜드로 단기 선교 여행을 갔을 때의 일이다. 한 그리스도인 여성이 내게 그 지역의 은사주의 가톨릭 신자들의 기도 모임에서 말씀을 전해 달라고 부탁을 했다. 나는 99퍼센트가 로마 가톨릭 교인인 털스라는 도시에 있었고, 당시에 그 작은 도시에는 제2차 바티칸 공의회와 관련된 로마 카톨릭 갱신의 영향력이 아직도 미치지 않고 있었다.

짧은 간증을 마친 뒤, 나는 사람들에게 예수님을 믿고 따르라고 말했다. 그때 숀이 자리에서 벌떡 일어나 나의 말에 반박했다.

"당신은 가톨릭 신자입니까?" 그가 외쳤다.

"나는 가톨릭에서 세례를 받았습니다." 나는 사실대로 말했다.

그는 내 대답에 만족하지 못하고 심문을 계속했다. "동정녀 마리아를 믿습니까?"

"나는 마리아에 대해 성경이 말씀하는 모든 것을 믿습니다."

나는 스스로 현명한 대답이라고 생각했지만, 그는 동의하지 않는 것 같았다. 그는 점점 더 화가 났다. 그리고 결국 내가 영원히 잊지 못할 말로 나를 협박했다. "당신을 창 밖으로 던져 버리겠어!" 그때 우리가 있던 곳은 2층이었다.

사도행전에서 바울이 핍박을 받은 이야기를 읽긴 했지만 갑자기 그 순간 그 이야기들이 좀더 실감나게 다가왔다.

숀은 매우 건장한 체구에 키가 1m 90cm 정도 되었는데, 앞으로 걸어나와서 나를 들쳐안더니 몇 발짝 걸어갔다. 그러나 나를 동정했던 다섯 명의 십대들에게 가로막혀 그 자리에서 멈춰야 했다.

그들이 말했다. "숀, 그를 내려놔. 그 사람을 정말 죽이려는 것은 아니지? 그렇지? 감옥에 갈 생각은 아니지?" '죽이는 것'에 대해 말할 때는 반응이 없었지만, '감옥'이라는 말은 먹혔던 것 같다. 그는 나를 바닥에 납작하게 팽개치고는, 성큼성큼 걸어서 나가버렸다. 그날 그 다섯 명의 십대 가톨릭 신자들이 내 생명을 구했다!

그 후에 그 다섯 명이 나에게 사과했다. 그리고 나와 함께 성경 공부를 하고 싶다고 청해 왔다. 그들은 내가 바라는 것이 무엇인지 알았던 것이다. 숀과의 사건이 있기 전에, 나는 그들 중 한 명이 추구자 소그룹에 참여할 것이라 예상하고 있었다. 그러나 나에게 미안한 마음을 가지고 있었던 그들은 모두 소그룹에 참여했다. 그래서 우리는 그 다음 주부터 모임을 시작하게 되었다.

우리는 누가복음 5장에서 예수님과 베드로가 만나는 장면을 공부했다. 예수님이 베드로와 그의 가족과 친구들이 한 배 가득 물고기를 잡도록 도와주시자, 베드로가 예수님의 발 앞에 무릎을 꿇고 자비를 구하는 장면이었다. 베드로는 예수님이 권위 있는 목소리로 종교적인 가르침을 주리라 상상했겠지만, 예수님은 고기잡이에 대해 말씀하셨다. 고기잡이는 베드로의 전문 분야였다. 그러나 예수님은 베드로의 선입견을 깨뜨리시고, 당신이 삶의 모든 영역에서 능력 있는 분임을 보여 주셨다.

그래서 나는 우리가 어떻게 우리 삶의 다른 영역에서 예수님을 신뢰할 수 있을지 물었다. 패트릭이 내가 말하는 도중에 끼어들어 자기 자신과 논쟁하듯이 중얼거렸다. "나는 예수님을 믿고 따르고 싶어… 하지만, 부모님은 내가 개신교인이 된다면, 나를 쫓아낼지도 몰라… 그러나 예수님은 살아 계시고, 나는 그분이 필요하다고 생각해…. 하지만, 그러려면 내 삶을 바꾸어야만 해…. 그렇지만 예수님이 나를 도와주실 거야…. 아, 그렇긴 해도 나는 이것이 어떤 결과를 낳을지 두려워….." 패트릭은 거의 5분이 지나도록 이렇게 혼잣말을 계속했다. 그리고 결국 그는 다음과 같이 자신과의 논쟁을 마무리했다. "그러나 나는 그렇게 해야만 해." 그는 이내 무릎을 꿇고, 예수님을 자기 죄를 사하시는 분이요 인도자로 받아들이고, 예수님께 자신을 의탁했다.

다른 사람들은 놀라서 아무 말도 못하고 앉아 있었다. 아직도 예수님을 받아들이지 않은 다른 세 명은(한 명은 이미 예수님께 헌신한 제자였다) 자기들의 시간도 얼마 남지 않았음을 직감했다. 그리고 몇 주 후에 그들은 모두 하나님의 나라에 들어왔다.

나는 이 추구자 소그룹에서 일어난 모든 일에 놀랄 수밖에 없었다. 거의 죽음 직전까지 떨어졌던 내가 비정통적인 방법으로 구성원을 모집하고, 그 전까지는 예수님을 모르고 따르지 않던 모든 구성원들이 회심하는 것을 보았다. 어떤 면에서 이 경험은 독특한 것이다. 그러나 나는 지난 25년간 추구자 소그룹을 인도해 오면서 소그룹을 시작하고 인도할 때마다 놀라고, 도전받고, 변화된다. 나는 사람들이 복음서에 나타난 예수님의 삶을 가까이서 개인적으로 대면하고 긍정적인 반응을 보일 때마다 매번 놀라곤 한다.

왜 추구자 소그룹이 그렇게 자주, 그토록 강력한 힘을 발휘하는 것일까? 그것은 그 소그룹 안에서 고정 관념을 깨뜨리시고, 기쁨을 주시고, 불편하게 도전하시는 예수님이 스스로 말씀하시고 행동하시기 때문이다. 사람들은 어쩔 수 없이 끌리고, 놀라고, 구애를 받게 된다. 성경에는 예수님과의 이런 만남들이 여러 차례 기록되어 있다. 그리고 그런 만남의 이야기를 통해, 우리는 어떻게 예수님이 우리의 고정 관념을 깨뜨리고 우리의 세계를 흔들어 놓으셨는지를 나눌 수 있다. 우리 친구들은 바로 **그런** 예수님에 대해 이야기를 나누고 싶어한다!

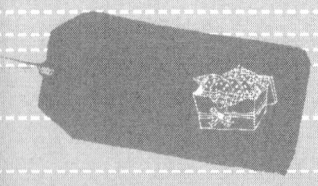

그리스도인이든 아니든, 사람들은 복음이 좋지도 않고 새로운 뉴스도 아니라고 생각하는데, 그 이유는 복음이 이 세상에서의 삶에 대해 뭔가 설득력 있게 말해 주는 것이 별로 없어 보이기 때문이다.

7. 굉장한 뉴스!

당신은 예수님의 실재와 권위를 어떻게 경험했는가? 어떤 메시지를 들었으며, 어떻게 반응했는가?

중학교 3학년 때 나는 댄을 만났다. 그는 내 옆자리에 앉았고, 막 전학을 와서 친구를 새로 사귀려 하고 있었다. 그는 기독교 가정에서 자라났고, 우리는 함께 초월 명상과 위자 보드Ouija boards에 대해 다양한 실험을 하고 있었다. 또 그는 나를 자기 교회 행사에 초대하기도 했다. 그 행사 중 하나였던 고등부 해변 캠프에서, 나는 예수님의 실재를 느꼈고, 내 삶을 그분의 인도에 맡기라는 부름을 들었다. 나는 내 죄를 용서받도록 하나님을 의지하라는 음성도 들었다.

나는 새벽 세 시까지 그 해변 도시의 산책로를 걸으며, 예수님을 믿고 따르기로 헌신할지 결단을 내리려 했던 기억이 난다. 나는 그것이 쉽지 않은 일임을 알았다. 부모님이 반대하실 것이기 때문이었다. 그분들은 복음주의 신앙을 반지성적인 것으로 치부하셨을 뿐 아니라, 그분들이 열렬하게 지지하는, 정의와 개인적 자유라는 이슈에 대해 보수적인 태도를 가지는 것과 동일시하셨다. 그러나 나는 결국 결단을 내렸다.

그 다음 날, 우리 그룹의 리더는 200여 명을 해변에 모아놓고, 나를 불러내 마이크를 주며 자신이 설교하기 전에 내 이야기를 들려달라고 했다. 내가 이야기를 한 다음, 그 리더는 우리 모두를 향해 삶을 그리스도께 드리고 대서양 바다 속에서 세례를 받으라고 초대했다. 그 날 40명이 세례를 받았다. 정말 대단한 순간이었다. 부서지는 파도 소리와 함께 흔들거리는 물 위로 태양이 붉게 비치고 있었다.

나는 한동안 새로 발견한 신앙에 몰입했다. 당시 나는 금식을 하면서 두 주 동안 땅콩 버터와 흰 식빵만으로 끼니를 때우던 것을 기억한다. 집으로 돌아온 후 나는 두 형과 이웃의 몇몇 아이들을 붙잡고 그리스도의 부르심에 응답하는 것이 얼마나 중요한지 말하며 그들을 설득했다. 나는 종종 지옥을 언급하며 반강제식으로 전도를 했다. 나는 다음 몇 주 동안에 세 명의 '회심자'를 얻었다고 생각했다. 하지만, 나의 전도 폭탄의 희생자들은 나중에 다시 회심을 반복해야만 했다.

그리고 대학에 진학할 때쯤, 나는 무신론자들의 진영으로 다시 확고히 돌아가 있었다. 심지어 나는 신앙에 얼마나 지적인 헛점이 많은지 열거하며, 사람들을 설득하여 신앙을 버리게 하는 데도 능력을 발휘했다. 그 시절의 내 여자친구는 아직도 완전히 회복되지 못했다. 그러나 캠퍼스의 기독학생회를 통해, 나는 사려 깊고 사랑을 베풀 줄 아는 사람들을 만났고, 내 삶을 다시 드렸다. 다시 한 번, 나는 싸움을 벌이며 새벽 세 시까지 깨어 있었다. 이번에는 여자친구와의 관계를 하나님께 맡길 것인지 결정해야만 했다. 나는 우리 관계를 정리하고 싶지 않았고, 우리 사이의 친밀함도 포기하고 싶지 않았다. 그러나 나는 선택을 해야만 함을 알았다. 나는 예수님을 따르기로 결단했다. 그 날 밤 나는 프린스턴 대학에 다니다가 잠시 집에 와 있던 여자친구를 찾아가서 우리의 관계를 끝냈다. 그 힘들었던 밤을 나는 결코 잊지 못할 것이다. 그녀가 굉장히 화를 냈을 뿐 아니라, 그녀의 아버지는 하나뿐인 딸에게 상처를 주었다며 거의 주먹을 휘두르려 했다! 하지만, 그 선택 때문에 내 인생의 풍성하고 부요한 시기가 시작되었다. 그 다음 몇 년 동안, 나는 성경 공부와 기도를 통해, 또 동아리 모임에서 내 믿음을 삶으로 실천하고 아직도 하나님으로부터 소원한 사람들에게 내 신앙을 나누면서 믿음이 성장해 갔다.

내가 들은 메시지는 세상과 나의 삶에 대해 예수님이 사랑의 권위를 가지고 계시다는 것이었다. 두 번 모두, 나는 예수님의 권위에 대해 나 자신의 방식으로가 아니라 그분의 방식으로 응답해야만 했다. 첫 번째 경우에는 가족들이 결코 이해하지 못할 선택을 해야만 했고, 그 다음에는 내가 사랑하던 사람과의 관계를 포기해야만 했다.

사람들이 하나님께 반응할 기회를 얻으려면 어떤 메시지를 듣고 경험해야만 할까? 우리는 그 메시지를 어떻게 나눌 수 있는가?

후기 기독교 문화 속에서의 복음

후기 기독교 문화 속에서 사람들은 복음을 좋다good고 생각하지도 않고, 대단한 뉴스news라고 생각하지도 않는다. **복음**이라는 말을 들을 때, 그들은 가스펠 음악이나, 옛날 텐트 집회의 끈적끈적하고 감성적인 찬송가, 말쑥한 차림의 설교자, 과도한 감정의 분출을 떠올린다. 그러나 기독교 복음에 대한 인식에 문제가 있는 사람들은 단지 추구자와 회의자만은 아니다. 신자들도 마찬가지로 갈등을 느끼고 있다. 많은 그리스도인들이 복음이 정말 좋은 것이며 새로운 뉴스가 되는지 확신하지 못한다. 복음은 낡고 독단적인 느낌이 들며, 신선하거나 살아있는 것 같지 않다. 그리스도인들은 그리스도가 그들의 죄를 위해 돌아가신 것을 생각할 때마다 감격이 파도처럼 밀려와야만 한다는 것을 알고 있다. 그러나 어찌된 일인지 그런 느낌이 들지 않고, 메시지는 별로 감동이 없다. 그래서 다른 사람에게 복음을 전할 기회가 와도, 준비도 되어 있지 않을 뿐더러, 기쁜 마음으로 전도하려 하지도 않는다. 많은 그리스도인이 더는 복음 전할 기회를 찾지 않는다. 그들은 아마도, 자기가 아는 어떤 사람이 '죄와 십자가'의 메시지에 정말로 관심이 있다는 것을 알면 충격을 받을 것이다.

무엇이 잘못된 것일까? 굉장한 뉴스를 들은 사람의 신선한 열정이 어떻게 회복될 수 있을까?

나의 확신은, 복음주의자들이 그 메시지에 너무 친숙해졌고, 듣는 이들이 냉담해질 정도까지 그 메시지를 단순화하고 공식화했다는 것이다.

하지만, 추구자와 회의자에게는 우리가 전하려는 복음의 내용 대부분이 생소하다. 창조 세계에 대한 창조주의 역할과 권한, 하나님 앞에서 책임을 부여받은 인간, 죄와 악의 심각함과 끔찍함, 하나님의 진노와 정의의 타당함, 2,000년 전 나무 형틀에 매달렸던 한 유대인의 참혹한 죽음을 통해 이루어지는 죄 용서, 죽음 후에 다시 살아난 예수, 역사의 마지막 순간에 당신의 통치를 확립하기 위한 하나님의 개입, 이런 모든 내용을 자유주의적이고 세속적이고 주관적인 포스트모던 문화에서 양육받은 사람들은 거의 이해할 수 없을 것이다. 어디서부터 시작할 것인가? 이렇게 생소한 내용을, 설명보다 경험, 교리보다 이야기를 중시하는 사람들에게 어떻게 전달할 수 있을까?

무엇이 '좋은 소식'인가?

복음은 우리가 죽은 후에 벌어질 일과 관련되어 있을 뿐 아니라, 또한 현재와도 관련되어 있다. 그리스도인이든 아니든, 사람들은 복음이 좋지도 않고 새로운 뉴스도 아니라고 생각하는데, 그 이유는 복음이 이 세상에서의 삶에 대해 뭔가 설득력 있게 말해 주는 것이 별로 없어 보이기 때문이다. 내 친구 하나가 말한 것처럼, "삶은 녹록하지 않으며, 하나님이 여기 계시고, 천국은 정말로 존재하는" 것이 분명하다. 그러나 천국은 그저 '미래에 대한 황당한 기대'가 아니다. 천국은 지금 여기서 시작되는 영역이다. 예수님은 이것을 '하나님 나라'라고 부르셨다.

예수님이 하나님 나라(모든 것을 바로잡기 위해 세상에 침입해 들어오는 역동적인 하나님의 통치)의 복음을 선포하셨을 때, 우리가 죽은 뒤에 일어날 일에 대해서만 말씀하신 것이 아니다. 그분은 당신의 오심과 함께 시작된 개인적·사회적 변혁에 대해서도 말씀하고 계셨다. 그 소식이 좋은 소식이었던 것은, 하나님이 모든 것을 바로잡기 시작하셨기 때문이다. 그 소식이 뉴스였던 것은, 사람들이 오랫동안 고대하던 순간이 마침내 도래했기 때문이다.

마침내 신호탄이 터졌다. 역사상 가장 중요한 뉴스가 될 수 있는 사건들이 바로 사람들의 눈앞에서 벌어지고 있었다.

이 뉴스를 들은 사람들이 즉각적으로 경험한 해방과 용서와 치유의 경험은 이러한 사실을 뒷받침해 준다. 사람들은 죄와 질병과 영적인 억눌림에서 해방되었다. 이 변화의 경험에는 뭔가 설명이 필요했는데, 예수님이 한 가지 설명을 제시하셨다. 모든 것을 바로잡는 하나님의 통치가 역사 속으로 침입해 왔다는 것이다. 당신은 병자, 상처받은 사람, 용기를 잃은 사람, 그리고 가난한 사람들의 눈 속에서 그것을 볼 수 있을 것이다. 사람들과 그 나라들을 붙들고 있던 영적 무력증이 제거되고 있었다.

그러나 모든 사람이 이 뉴스와 이 뉴스를 전하는 사람을 반긴 것은 아니다. 기존 질서에서 혜택을 누리고 있던 종교인들은 위협을 느꼈다. 그들은 이방인 통치자의 손을 빌려 예수님을 죽였다. 그런데 **놀라운** 일이 벌어졌다. 패배가 승리로 바뀐 것이다. 예수님의 생명이라는 씨앗이 땅에 떨어져 온 세상을 향해 생명을 나누어 주는 것이 가능해졌다. 하나님의 대리자의 패배가 하나님의 승리였다.

어떻게 죽음이 생명을 가져왔는가? 어떻게 패배가 승리로 바뀌었는가?

이 부분이 바로 우리가 혼동했던 부분이고, 우리의 메시지를 죄의 용서와 죽음 이후의 생명에 관한 것으로 제한해 왔던 부분이다. 우리는 사람들에게 십자가가 용서를 의미한다고 말한다. 예수님이 우리의 죄값을 치르신 것이다. 그리고 예수님의 부활은 우리가 죽음 이후에 얻게 될 생명과, 천국에서 하나님과 함께 거함을 의미한다. 이것이 지금까지 우리의 메시지였다. 그러나 그것은 두 가지 차원만 언급할 뿐이다. 우리는 '지금 여기'

와 관련된 하나님 나라의 좋은 소식을 빠뜨렸다. 침입해 오는 하나님의 통치에 관한 강력한 경험과 설명은(사람들이 죄와 질병과 영적인 억압에서 해방되고, 심지어 한 나라의 정신이 변화되는) 대부분 상실되었다. 우리는 그것을 죄책감으로부터의 자유, 죽고 난 다음의 화재 보험이라는 훨씬 더 개인주의적인 메시지로 대치해 버렸다.

이렇게 축소된 메시지는 성경적이지도 않고 효과적이지도 않다. 그리스도인들은 복음에 대한 자신감을 잃었다. 그것은 우리가 복음의 핵심 요소들을 잃어버렸기 때문이다. 우리는 모든 것을 바로잡고자 침입해 오는 역동적이고 변혁적인 하나님의 통치를, 정적이고 밋밋한 개념으로 대치해 버렸고, 예수님의 죽음과 부활은 신자 개인들을 위해 몇 가지 문제를 해결해 주는 사건으로 만들어 버렸다. 특히, 그렇게 축소된 좋은 소식은, 죄책감을 어떻게 다룰지, 우리가 죽은 후의 미래에서 어떻게 안전을 확보할지, 그리고 우리의 모든 필요를 충족시켜 주는 길들여진 예수님을 영접하는 일에 집중되어 있다.

그렇다면 우리는 어떻게 좀더 온전하고, 역동적이고, 성경적인, 복음에 대한 이해를 회복할 수 있을까? 어떻게 복음이 다시 한번 신자에게나 추구자에게 '좋은' 소식이면서 '뉴스'가 되게 할 수 있을까?

새로운 각도로 바라보기

나는 톰 라이트를 비롯한 다른 사람들과 함께, 우리의 복음 이해에 빠져있는 가장 커다란 조각은 바로 우리의 보는 각도angle of vision와 관련이 있다고 제안한다. 또한 우리는 사도 바울의 글들을 오해해 왔는데, 그 역시 우리가 사물을 그가 바라보는 각도로 보지 않았기 때문이다. 또한 우리는 예수님의 메시지를 오해해 왔는데, 그 역시 우리가 사물을 예수님이 바라보는 각도로 보지 않았기 때문이다. 예수님과 바울을 함께 엮어 주는 기본적인 실마리는, 그리고 우리가 절실히 회복해야 할 시각은, 성경 학자들이 묵시적, 혹은 종말론적 시각이라고 부르는 것이다.

예수님이 모든 것을 바로잡는 하나님 통치의 도래를 선포하셨을 때, 그 시대 사람들은 예수님의 말씀을 하나님의 마지막 심판과 추수의 날이 왔다는 의미로 이해했다. 그 이해에 따르면, 이스라엘과 세상 나라들은 심판을 받을 것이며, 하나님의 통치가 확립될 것이었다. 그리고 세상은 하나님이 원래 계획하신 모습으로 돌아가게 될 것이다. 사자와 어린 양이 함께 눕고, 칼을 쳐서 쟁기를 만들고, 하나님의 의로운 평화가 지구와 그 주변 세계에 임할 것이다. 당신은 왜 많은 유대인이 예수님을 메시아로 여기지 않았는지 궁금할 것이다. 그것은 그들의 기대와 달리 이스라엘이 해방되지 않았고, 죄와 악이 뿌리뽑히지 않았고, 나라들이 즉시 돌아와 하나님을 경배하지 않았기 때문이다. 이런 일들이 모두 메시아와 하나님 통치 도래를 생각할 때 유대인들이 기대한 바였다.

그러나 예수님과 바울, 두 사람의 관점에서는 하나님이 그분의 통치를 시작하고 확장시키심에 있어서 아주 놀라운 방식을 택하신 것이었다. 예수님과 바울, 두 사람 모두에게 종말은 이미 역사 속에 씨 뿌려졌고, 당신에게 그것을 보는 눈이 있다면, 개인적·사회적·국가적 변혁이 당신 주변의 모든 곳에서 일어나는 것을 볼 수 있다. 모든 씨앗들 중 가장 작은 씨앗, 곧 하나님 나라의 생명, 예수님의 가르침과 죽음이 지금 심겨졌고, 자라고 있고, 모든 수풀 중에 가장 큰 숲을 이루게 될 것이었다.

이 이야기의 핵심은 예수님의 죽음과 부활이다. 그러나 예수님의 죽음과 부활이 어떻게 모든 것을 바로잡는 역동적인 하나님의 통치를 가능하게 하는가?

심판과 추수

예수님의 죽음을 보도한 기자들은 예수님의 죽음이 성취한 바와 의미를 모든 역사의 정점의 빛에서 해석했다. 시간의 끝이 시간의 중간에 돌입해 왔다. 선지자와 예언자들이 선언한 바, 나라들의, 특히 이스라엘 나라의 심판과 추수가 골고다로 향하는 예수님을 바라보는 모든 사람의 눈앞에서 지금 벌어지고 있었다. 예수님은 죄가 없으셨다. 하지만, 이스라엘은 죄 가운데 있었고, 예수님은 죄 가운데 있는 이스라엘과 자신을 동일시하셨다. 세례 때 이미 그는 이스라엘과 자신을 동일시하셨고, 죽음을 통해 그 동일시함을 완성하셨다. 그리고 그렇게 하나님은 십자가에서 이스라엘과 나라들을 심판하셨다. 그러므로 예수님과 자신을 동일시하는 사람들은 누구나 이미 그와 함께 죽은 것이다(롬 6:1-14을 보라). 심판이 집행되었다. 죄는 처리되었다. 지금 못이 박혔고, 십자가가 세워졌고, 나무에 매달리는 저주가 쏟아부어졌기에, 그리스도 안에 있는 사람은 더 감당해야 할 최후의 심판이 없다. 심판은 실행되었고 형벌이 치러졌다. 우리는 우리에게 주어진 복음을 가지고 우리가 행한 대로 심판을 받을 것이다. 하지만, 우리는 결코 그리스도 없이 살았던 이전의 삶에 대하여 최후의 심판을 받지는 않는다.

당신은 자신이 이미 최후의 심판 날을 경험했다는 인식을 가져본 적이 있는가? 사람들은 대부분 (학자들까지도) 예수님의 십자가 죽음을 말할 때, 법정의 유비를 단순히 은유로만 사용한다. 하지만, **그것은 은유를 뛰어넘는 것이다.** 그리스도 안에 있는 우리는 하나님의 심판대에 벌써 섰고, 이미 죄 사함을 받았다. 그리스도 안에서 우리는 심판의 날 건너편에 있기 때문이다. 그리고 그리스도 안에서 우리 몸과 존재의 부활은 하나님의 성령을 선물로 받음으로써 확실히 보증되었다. 성령은 완전한 회복과 부활을 보증하는 선급금이다. 개인과 사회와 모든 창조 세계의 변혁이 시작되었다. 하나님의 성령이 오셨기 때문이다.

이러한 마지막 때에 대한 시각이, 예수님의 하나님 나라의 메시지와 바울의 구원에 대한 메시지가 사실은 하나이며 같은 것임을 이해하는 열쇠가 된다. 바울은 칭의, 또는 '하나님이 우리를 올바르고 의롭다고 선언하심'을 이미 일어난 사실로 이해했다. 최후 심판은 이제 과거가 되었다. 그리스도 안에 있는 모든 사람에게 그것은 이미 십자가에서 일어난 일이다. 그러나 구원은 과거에만 속하는 것이 아니다. 구원은 하나님의 성령에 의해 계속 진행되고 있는 변혁적 실재(성화)이며, 우리의 몸과 존재의 부활 때, 곧 모든 피조물이 새롭게 되는 때에 완성될(영화) 것이다. 구원은 과거이며 현재이며 미래다. 우리는 이미 의롭다 하심을 입었고, 거룩하게 변화되고 있으며, 영광의 모습으로 변화될 것이다. 이 모든 하나님의 행위들이 구원의 여러 차원을 이룬다. 구원은 모든 것을 바로잡는, 침입해 들어오는 역동적인 하나님의 통치다.

그렇다면, 복음은 무엇인가?

이 위대한 뉴스의 중심에는 역사의 주된 줄거리로 제시되는 이야기가 있다. 우리는 모든 것을 바로잡으시는 하나님의 위대한 회복 프로젝트 이야기를 다시 그려볼 필요가 있다. 여기 빅뱅에서부터 시작되는 큰 그림이 있다.

- 하나님이 우주를 만드셨다. 하나님은 당신이 만드신 것을 사랑하셨다. 시간이 시작될 때 빅뱅을 통해 만드셨든지, 혹은 다른 방식으로 만드셨든지, 하나님이 세상의 모든 것을 만드셨다. 존재하는 모든 것은 창조주께 속한다.
- 하나님은 인간을 하나님의 형상으로 만드셨고, 생각하고, 사랑하고, 관계 맺고, 통치할 수 있는 능력을 부여하셨다. 하나님이 우리를 진화의 과정을 통해 만드셨든지, 혹은 다른 어떤 방식으로 만드셨든지, 우리는 하나님으로부터 책임을 부여받은 존재다. 우리는 주어진 능력으로 선이나 악을 행할 수 있고, 사랑할 수도 있고 미워할 수도 있지만, 우리가 행한 일에 대해 책임을 져야만 한다.
- 인간은 하나님으로부터 독립하여 스스로 자신의 하나님이 되겠다는 선택을 함으로써 순수함을 상실했다. 그것이 태초에 일어난 일이든지, 개인의 삶 속에서 현재 일어나는 일이든지, 인간은 그들의 자유를, 하나님과 타인과 모든 창조 세계를 섬기는 것이 아니라, 자신을 섬기는 데 사용하기로 선택했고, 지금도 그렇게 선택하고 있다. 순수함에서 떨어져 나온 결과, 모든 인간 사회는 분열을 경험하고 있고,

자기 파괴, 불의, 폭력으로 기우는 성향이 생겨났다.
- 하나님은 인류를 뜨겁게 사랑하시며 몇 가지 회복 프로젝트를 진행해 오셨다. 먼저 하나님은 이스라엘을 하나님의 백성으로 선택하시고, 세상을 향한 하나님의 사랑과 정의의 통로로 삼으셨다. 이스라엘이 다른 나라들과 마찬가지로 자신의 길을 감으로써 우상 숭배와 불의에 빠졌을 때, 하나님은 하나님의 아들을 보내셨다.
- 예수님은 하나님의 아들이며 '육체가 되신' 하나님이시다. 예수님은 우리에게 하나님으로 충만한 인간이 어떻게 하나님과, 타인과, 모든 창조 세계를 사랑하는 완전한 모습으로 나타날 수 있는지 보여 주셨다.
- 예수님은 죽음을 향해 가셨고, 십자가에서 모욕적인 죽음을 당했다. 인간의 죄와 자기 중심성에 대하여, 모든 인간과 모든 나라 위에 내려진 의로운 심판을 받으신 것이었다. 하나님은 십자가에서 모든 인류를 심판하셨다. 우리가 시간의 끝에 벌어지리라 생각했던 하나님의 심판이 시간의 중간에 일어났다!
- 예수님은 죽은 자들 가운데서 살아나셨고, 모든 인류가 마지막 때에 예수님처럼 변화되는 데로 나갈 길을 닦으셨다. 하나님은 마지막 때에 모든 인류를 일으키실 것이다. 그리스도 안에 있는 사람들은 그리스도와 같이 변화될 것이고, 그리스도를 거부한 사람들은 그들 스스로 자신을 저주하였음을 깨닫게 될 것이다. 우리는 그리스도를 통해 마지막 변화와 만물의 최종 운명에 대한 그림을 본다.
- 오순절에 하나님은 예수님을 따르던 사람들에게 하나님의 성령을 부으셨다. 그때부터 그리스도와의 연합이 시작되었고, 시간의 끝에는

모든 나라들 안에서 그 일이 완성될 것이다. 그 연합은 인종, 성별, 계급, 문화를 꿰뚫는 것이며, 그 연합을 통해 그리스도 안에서 만물이 연합되는 일이 지금 여기에서 시작된다.
- 우리는 개인적으로, 우리의 믿음을 그리스도께 두고 자아의 길에서 하나님의 길로 돌이킴으로써, 모든 것을 바로잡으시는 하나님의 통치에 들어갈 수 있다. 우리는 십자가를 통한 죄 용서를 얻기 위해 그리스도를 믿고, 삶의 모든 영역에서 우리 자신을 그리스도의 인도하심에 의탁하고, 그리스도와 연합하고 교회의 일부가 되는 표지로서 세례를 받으며, 성령을 선물로 받는다. 성령은 우리와의 협력을 통해 우리를 하나님과 하나 되게 하시며, 우리의 개인적·공동체적·국가적 삶을 변화시키는 일을 시작하신다. 이 변화의 과정은 이미 시작되었고, 우리가 죽은 자들 가운데서 일으킴을 받고 그리스도와 같이 부활의 생명을 얻어 영화롭게 될 때 완성될 것이다. 그때에는 이 세계의 나라들과 모든 체계들이 완전히 우리 하나님의 나라가 될 것이다.

구원은 과거, 현재, 미래에, 개인과, 공동체와, 나라들과, 모든 피조물을 위해, 하나님의 은혜로운 통치가 회복되는 것이다.

구원은 영적이며, **또한** 물리적이다. 성령을 통해 주어지는 죄 용서와 하나님과의 연합이라는 선물은 우리의 몸과 존재, 우리의 혼과 영에 모두 영향을 끼친다. 하나님이 우리를 찾아오시고, 죄를 용서하시고, 충만케 하실 때, 우리 속에 변화되지 않은 채 남아 있는 부분은 없다.

구원은 개인적이며, **또한** 공동체적이다. 성령은 개인들만 재창조하시지 않는다. 성령은 공동체 전체를 충만하게 채우시며 우리를 한 몸으로 창조하신다. 우리는 신비로운 연결과 연합과 변화를 경험한다. 우리는 하나님께 나올 때, 고립된 개인들로 남아 있을 수 없다. 그것은 단순히 우리가 교회에 나가느냐 마느냐의 문제가 아니다. 성령을 선물로 받고, 죄 용서와 그리스도와의 연합이 일어났다면, 우리는 이미 하나님 나라 공동체에 연결된 것이다.

구원은 개인적이며, **또한** 사회적이다. 성령은 인류 역사라는 반죽 속에 있는 누룩이시며, 사회를 변혁하신다. 성령에 의해 우리는 가난한 사람들, 다른 인종들, 모든 나라에 있는 그리스도를 따르는 사람들과 연결된다. 우리 안에 계신 성령은 우리 사이에 이미 이루어진 그 하나됨을 삶으로 드러내라고 요청하신다.

구원은 인간적이며 **또한** 우주적이다. 하나님의 본래 의도는 인류가 자신의 역량으로 피조물을 다스리고 청지기로서 관리하게 하시는 것이었다. 성령이 오심으로써 우리가 죄를 용서받고 그리스도와 하나가 되었다면, 그 하나님의 의도가 우리 내면의 삶과 공동체적 삶 속에서 갱신되고, 우리의 삶이 자연 세계에까지 영향을 끼치기 시작한다.

구원은 사람들을 위한 것이며, **또한** 나라들을 위한 것이다. 예수님이 제자들에게 '모든 것을 바로잡고자 침입해 오는 하나님의 통치'에 대한 굉장한 소식을 세상에 전하라고 부르셨을 때(마 28:19-20), 예수님은 그들을 개인들에게 보내신 것이 아니라 나라들로 보내셨다. 예수님은 그들에게 나라들을 제자 삼고 가르치라고 하셨다. 이 소식은 나라의 삶까지도 변화시킬 수 있다. 역사를 돌아보면, 복음이 선포되고 수용될 때 나라들이 변화되었다.

이것이 **좋은** 소식이고, 이것이 **뉴스**다.

이야기는 우리의 정체성을 형성한다. 그리고 복음*the Story*, 곧 하나님의 이야기는 그리스도를 따르는 사람들의 정체성을 형성하는 근본적인 이야기다. 그러므로 이 이야기를 잘 알고, 자주 말하려고 애쓰자. 무엇보다도 이것은 우리 자신을 위한 일이며, 그리스도 안에서 우리의 정체성을 심화하는 한 방법이다.

당신은 이 이야기를 말할 수 있는가? 이 이야기는 알려진 인류 역사와 어떤 부분에서 만나는가? 이 이야기가 당신의 이야기와 교차하는 부분은 어디인가? 당신은 자신이 누구인지 아는가?

복음을 나누기

복음을 아는 데서 한 걸음 더 나아가, 우리는 어떻게 그것을 다른 사람과 나눌 수 있을까? 바울, 베드로, 그리고 예수님과 같은 성경의 인물들은 '모든 것을 바로잡고자 침입해 오는 하나님의 통치'의 복음을 어떻게 나누었는가?

- 복음의 주제, 이야기에 의미와 중요성을 부여하는 줄거리는 언제나 모든 것을 바로잡으시는 하나님의 역동적인 행위가 되어야만 한다. 복음은 그저 죄 용서나, 천국이나, 다른 개인적 유익에 관한 이야기가 아니라, 개인과 공동체와 전 우주가 하나님의 본래 의도대로 변혁되는 것에 관한 이야기다.
- 전도는 언제나 그리스도의 인격 안에 드러난, 모든 것을 바로잡으시

는 하나님의 통치를 전하는 것이다. 복음의 **내용**과 복음 **체험**의 초점은 항상 예수님과, 예수님 생애의 사건들과, 지금 여기에서의 예수님의 임재가 된다.
- 복음과의 대면은 언제나 능력의 대면이거나 권위의 대면이다. 핵심 이슈는 언제나 예수님의 권위 문제다. 우리는 예수님에 대해 우리의 방식으로 응답할 것인가, 아니면 그분의 방식으로 응답할 것인가? 모든 세대에서 예수님에 관한 진실과 예수님의 실재를 만났던 사람들은 그분의 권위에 응답해야만 했다. 그분의 말씀을 처음 들었던 사람들은 그분이 다른 교사나 서기관들 같지 않고 권위 있게 가르치시는 것에 놀랐다.
- 예수님의 권위는 도움이 필요한 사람들을 향해서도 발휘되었지만, 저항하고, 반역하고, 자기 중심적이며, 자율적인 사람들 앞에서도 발휘되었다. 문제의 핵심은 언제나 예수님의 권위에 대한 우리의 반응이다.

결국, 예수님께 전적인 충성을 바친 사람들은, 예수님의 인도를 받으며, 그분이 원하시는 모든 것을 알고, 그분이 원하시는 존재가 되며, 그분이 원하시는 일을 행하게 된다. 사람들은 세상과 그들의 삶을 향한 예수님의 사랑과 권위에 대해 듣고, 그것을 경험하고, 자신의 방식이 아닌 예수님의 방식으로 반응해야 한다. 나도 그래야만 했고, 당신도 그래야만 했다.

사람들은 나를 향한 예수님의 사랑과 권위를 내게 말해 줌으로써, 내가 그것에 반응할 수 있도록 도와주었다. 예수님의 권위는 죄를 용서하고, 사람들을 이끌고, 중독과 질병으로부터 사람들을 자유롭게 하고 치유하며, 모든 것이 바르게 될 때까지 사람들과 나라들을 변화시켜 가는 권위다.

우리는 사람들에게 예수님의 이야기를 말해 주고, 그들을 향한 그분의 사랑과 권위를 알도록 함으로써 그들을 도울 수 있다.

사람들이 이 메시지를 듣고 경험할 수 있으려면, 우리는 그들의 현재 위치에서 시작해야 한다. 그저 우리의 대본대로만 밀고 나갈 수는 없다. 우리는 사람들이 있는 그 자리에서 출발하여 예수님의 사랑과 권위의 이야기 속으로 이끌어야 한다. 부록 1은 당신이 다른 사람과 하나님의 이야기를 시작하는 방법에 관하여 많은 도움을 줄 것이다.

사람들은 삶이 마땅히 되어야 할 모습대로 되지 않는 것을 안다. 그러므로 오늘날 회복되고 갱신된 삶의 비전은 매우 설득력을 지닌다. 그것은 정말로 좋은 소식이다!

우리가 회심에 대한 가장 좋은 유비로서
결혼을 떠올릴 수 있다면, 회심에 대한
우리의 많은 혼란이 해결될 것이다.

8. 결혼식 초대
여행 대 사건

나는 위스콘신 주 메디슨에서 새로운 일을 시작하면서 매리케이를 만났다. 그녀와 나는 같은 선교 단체에서 몇 년 간 함께 일했다. 우리는 서로 사이가 좋지 않았다. 그녀는 내가 너무 경직되고 남을 판단하는 성격이라고 생각했다. 나는 그녀가 나를 별로 좋아하지 않음을 알았기에, 나도 그녀를 멀게 대했다.

어느 날 간사 모임에서 상급자가 우리 두 사람을 일으켜 세웠다. 우리는 그 이유를 몰랐고, 다른 간사들도 마찬가지였다. 우리가 서로 좋아하지 않는다는 것은 모두가 아는 사실이었기에 동료 중 하나가 농담을 했다. "무슨 일입니까? 이 두 사람이 결혼이라도 하나요?" 매리케이와 나만 빼고 모두가 웃었다. 우리는 장난스런 그 동료를 칼로 찌르기라도 할 듯이 노려보았다.

우리 상급자는 그 날이 우리의 생일이라고 선언했다. 그제야 매리케이와 나는 우리가 같은 해 같은 날 태어났음을 알게 되었다. 믿을 수 없어서 우리는 서로 운전면허증을 교환해 보았다. 그녀의 면허증을 보니 내 생일과 똑같은 날짜가 적혀 있었다. 나는 그 상황이 우스운 농담처럼 여겨졌다. 그러나 농담이 아니었다. 20여 년 전 10월 24일에 그녀는 위스콘신에서, 나는 캘리포니아에서, 우리는 겨우 열여덟 시간 차이로 세상에 들어온 것이다. (내가 좀더 먼저 태어났고, 나는 그녀에게 그 점을 단단히 일러두었다!)

이 일 후로 우리는 얼어붙은 우리의 관계를 녹이려고 뭔가를 하기로 했다. 우리는 같은 선교 단체에서 일하고 있었고, 예수님을 따르는 사람들이었고, 생일도 같았다. 최소한 우리는 조금이라도 서로 좋아하려고 노력해야만 할 것 같았다. 그래서 우리는 함께 디스코를 추러 갔다! 즐거운 시간이었다.

몇 개월이 지나고, 서로 친구가 되려고 몇 걸음 더 나아갔을 때, 어느 날 밤 그녀가 나에게 전화를 걸어 영화를 같이 보지 않겠느냐고 물었다. 나는 시간을 물었다. 그녀는 내가 괜찮다면 한 시간 후에 만나자고 했다. 내게는 안타까운 일이었다. 마침 그때 나와 함께 일하던 메디슨의 위스콘신 주립대학 학생들 열두 명이 집에 와 있었기 때문이다. 나는 그들과 이야기도 나누고 서로 친해지고자 스파게티로 저녁을 준비하여 그들을 집으로 초대했었다. 가스레인지 위에서는 면이 한창 삶아지고 있었고, 학생들은 이미 다 모여 분위기가 무르익고 있었다.

나는 실망스럽게 전화를 바라보았고, 매리케이에게 나쁜 소식을 전하려고 수화기를 들었다. 그런데 나는 이렇게 말을 하고 있었다. "그래, 좋은 생각이야! 한 시간 후에 만나." 깨닫지 못하는 사이에 내 마음속에서 무슨 일이 진행되고 있었다. 친구 관계가 내가 생각했던 것보다 좀더 중요한 관계로 발전하고 있었다.

나는 학생들에게 스파게티를 먹이고, 그들을 차 두 대에 밀어넣어 학교로 돌려보낸 후, 약속 시간에 극장에 도착했다. 물론 나는 매리케이에게 시간에 맞추려고 내가 무슨 짓을 했는지 말하지 않았다. 나는 그 때까지도 차분한 척하고 있었다.

3개월 후, 매리케이와 나는 DTR을 하는 시간을 가졌다. 한동안 데이트를 하지 않았던 사람들을 위해 이 용어를 소개하자면, DTR은 '관계를 규정하는 것define the relationship'을 의미한다. 그 DTR 시간은 별로 멋없이 시작되었다. 매리케이와 나는 함께 세미나를 진행하고 있었다. 점심 시간에 매리케이는 자기가 사람들에게 나를 부정적으로 말했던 것을 사과한다고 했다. 나는 그녀의 말을 잊을 수가 없다! 그녀가 말했다. "릭, 너는 내가 너를 미워한다고 생각할 거야." 나는 그녀가 나를 미워한다고 생각하고 있지 않았다. 나는 우리 사이가 꽤 좋았다고 생각했다. 그러나 그녀가 그렇게 말한 것을 보면 그녀가 나를 미워했을지도 모른다.

그래서 내가 물었다. "매리케이, 뭘 그렇게 걱정하는 거야?"

나중에 그녀는 그때 무슨 일이 있었는지 말해 주었다. 그녀는 하늘을 쳐다보았고, 구름이 갈라지면서 세 단어가 나타나는 것을 마음의 눈으로 보았다. "나는 너를 좋아해." 하지만, 실제로 그녀가 말한 것은 이랬다. "나는 너를 좋아하는 것 같아." 그렇게 말하고 나서, 그녀는 당황하고 창피해서 얼굴이 붉어졌다. 그녀는 자신이 그런 식으로 나를 좋아하게 될 줄은 상상치도 못했다. 그녀는 자신이 그것을 바랐는지도 확신할 수 없었다. 그러나 그런 일이 벌어졌다. 그녀의 가슴은 그 방향으로 달려갔고, 이제 그 상황을 직면해야만 했다.

이제 내 가슴이 쿵쾅거리고 있었다. 그녀는 자기가 나를 미워하지 않는다고 나를 위로하고자 대화를 시작했지만, 그녀가 그 말을 꺼내기 전까지 나는 그런 생각을 전혀 해본 적이 없었다. 그리고 갑자기 그녀는 나와 연인 관계로 나가고 싶다고 말하는 것이었다.

이 연속적인 충격에서 회복되는 데 일주일이 걸렸다. 그리고 우리는 데이트를 시작했다. 6개월 후, 추수감사절 휴가 기간에 함께 우리 부모님을 방문했을 때, 나는 애리조나 사막의 석양 속에서 청혼을 했다. 그리고 다시 6개월 후, 우리가 다니던 메디슨의 작은 성공회 교회에서 우리는 결혼식을 올렸다. 나머지 이야기는 (종종 이야기 끝에 나오는 말로) 정사正史에 기록되어 있다.

나는 험난하게 시작된 우리의 관계가 그 이후로 언제나 순탄한 항해가 되었다고 말할 수 있었으면 좋겠다. 그러나 우리 둘은 모두 강한 성격을 지녔고, 각자의 의견과 필요가 있었다. 우리는 C. S. 루이스의 나니아 연대기 중 「말과 소년 *The Horse and His Boy*」(시공주니어 역간) 편에 나오는 아라비스와 코르의 관계와 비슷했다. 루이스는 그들이 늘 싸우고 화해하고, 또 싸우고 화해하고 하다가, 결국 그 일을 더 편하게 계속 하려고 서로 결혼했다고 말한다. 그 말에 나도 공감한다. 하지만, 나는 매리케이와 같은 배우자요, 동반자이며, 친구인 사람과 결혼하게 된 것을 행복하게 생각한다.

내가 왜 이 이야기를 길게 하고 있는가? 그저 종교적 주제에서 결혼이라는 관계적인 주제로 화제를 바꾼 것인가? 전혀 그렇지 않다. 내가 말하려는 것은, 우리가 회심의 이미지를 '뭔가 종교적인 일을 하는 것'에서 뭔가 관계적인 일을 하는 것으로 전환해야 한다는 점이다.

성경을 관통하는 주도적인 구원의 이미지는 **그리스도와의 연합**이다. 회심은 연합이다. 우리 영혼이 하나님의 영과 연합하는 관계적이고 영적인 결혼이다. 하나님과의 이 연합과 결혼을 통한 다른 사람과의 연합에는 많은 유사점이 있다.

결혼은 친구 관계, 구애, 상견례, 약혼, 결혼식, 첫날밤(요즘은 너무도 자주 이 일이 결혼식보다 훨씬 더 먼저 일어나지만!)을 포함하는 모든 과정의 귀결이다. 우리의 세일즈와 비즈니스식 회심 모델에서 결정적인 것은, 최소한 전달해야만 하는 내용에 초점을 맞추고 세일즈를 하는 것이다. 우리는 심지어 '수익률', 즉 회심자의 수 대비 사역의 비용까지도 종종 계산하곤 한다. 그러나 관계적인 회심 모델에서 중요한 것은 '판매 수치'가 아니라 친밀함, 헌신, 연합을 향한 성장이다.

우리가 복음 전도자로서 가져야 할 위대한 한 가지 이미지가 여행 안내자라면, 또 다른 한 가지 위대한 이미지는 중매인이다! 우리가 예수님에 대해 말할 때, 우리는 사람들에게 그들의 하나뿐인 일생의 사랑이 될 분을 소개하는 것이다.

결혼은 중대한 위기 상황을 포함한다. 사람들은 서로 알아가고 시간을 함께 보낼지를 결정해야만 한다. 누군가가 DTR을 시작해야만 한다. 나중에 또 어느 한 쪽이 청혼을 해야 한다. 사람들은 서로에 대해, 처음에는 사적으로, 그리고 다음에는 그들이 속한 공동체 앞에서 공적으로 헌약해야만 한다. 그들은 첫날밤을 함께 보내고, 함께하는 여정과 공동의 삶을 시작한다.

이런 현대 미국식의 절차가 보편적인 것은 아니다. 어떤 문화에서는 부모가 결혼을 준비하기도 한다. 그러나 결혼이 좀더 큰 관계 안에서의 헌신과 성장의 과정이며, 그 안에 중요한 결정과 위기의 순간들이 있다는 원리는 보편적이다.

회심은 또 다른 면에서 결혼과 유사하다. 결혼에서 우리는 한 사람과 연합할 뿐 아니라, 그 가족과도 결합한다. 하나님에 대한 회심도 마찬가지다. 우리는 하나님의 가족에 합류하고 받아들여진다. 그것이 세례가 매우 중요한 한 가지 이유다. 세례는 공적으로 우리가 그리스도와 연합함과 하나님 가족의 일원이 됨을 표시한다. 회심은 그저 '하나님과 나'만의 문제가 아니다. 회심은 가족의 일이다.

그러므로 회심은, 결혼과 마찬가지로 도중에 이정표가 되는 사건들을 지나는 좀더 큰 관계의 과정으로 보는 것이 가장 좋다. 우리에게는 의도적인 영적 추구를 시작하는 순간이 있다. 또 예수님을 좀더 깊이 알고, 관계를 맺기 시작하려고 결단하는 순간이 있다. 종종 어떤 사람이 '청혼' 질문을 해야만 한다. 그리고 죄를 용서하시고 인도하시는 예수님을 믿고 그분께 자신을 의탁하기로 결단하는 위기의 순간이 있다. 유사점은 그뿐만이 아니다. 결혼과 마찬가지로, 서로의 헌신을 공동체 앞에서 공적으로 선포하는 일이 있다. 성경에서 이 공적인 사건은 언제나 세례다. 그것이 관계를 세워나가고 삶을 함께하는 출발점이 된다.

우리가 회심에 대한 가장 좋은 유비로서 결혼을 떠올릴 수 있다면, 회심에 대한 우리의 많은 혼란이 해결될 것이다. 사도 바울이 그리스도와 교회의 관계를 말할 때 결혼의 유비를 언급함을 기억하라(예를 들어 에베소서 5장을 보라). 이 유비는 아주 중요한 계시를 담고 있는데, 구원은 하나님과의 연합으로 볼 때 가장 잘 이해될 수 있기 때문이다.

회심 역시, 충성의 대상을 다른 사물이나 사람에서 예수님으로 전환하는 것이다. 그것은 예수님과 그의 나라의 복음에 대한 반응이다. 그것은 예수님의 권위에 대면하고, 최종적으로 우리의 방식이 아닌 예수님의 방식으로 그분의 권위를 받아들이는 것이다.

회심에 대한 인격적인 체험은 각자가 다를 수 있다. 우리는 모두 충성의 대상을 전환하고 예수님과의 연합을 경험한다. 하지만, 이 일은 우리의 배경이나, 삶의 사건들, 그리고 우리의 삶 속에서 일하시는 성령의 고유한 방식에 따라 다른 순서, 다른 단계로 진행될 수 있다.

그렇다면 회심은 정확히 무엇인가? 언제 일어나는가? 우리는 어떻게 다른 사람을 회심으로 초대할 수 있는가?

회심에 대해 성경은 무엇을 말해 주는가?

성경이 보여 주는 회심의 차원들은 상당히 분명하다. 가장 좋은 자료는 사도행전이다. 이 책은 유대인과 이방인, 남자와 여자, 젊은이와 노인, 개인과 온 집안, 헬라인과 로마인 등, 예수님을 따르게 된 수많은 사람의 사례들을 분명하게 보여 주기 때문이다. 첫 번째로 기록된 전도 설교와 그에 대한 반응은 회심의 차원들을 보여 주는 아주 전형적인 사례다.

예수님은 죽음과 부활 이후에 사도들과 함께 40일을 지내시며 자신이 정말로 부활했다는 많은 증거를 보여 주셨다. 그들이 이 사건에 대해 많은 확인이 필요했을 것임이 틀림없다! 그들이 바란 것은 예수님이 언제 이스라엘이 해방되어 으뜸가는 지위를 회복할 것인지를 말씀해 주시는 것이었다. 그러나 예수님은 때와 시기는 물론, 그런 질문조차도 그들의 관심의 초점이 될 필요가 없다고 분명히 말씀하셨다. 그 대신 예수님은 그들에게 부여하실 과업이 있었다. 그들은 이제, 모든 것을 바로잡고자 침입해 오는 하나님의 통치에 관한 복음을 먼저 예루살렘에서 선포해야 했다. 그리고 그곳으로부터 널리 퍼져 나가, 궁극적으로는 모든 나라로 가야 했다. 하나님의 통치는 마음에서 마음으로, 나라에서 나라로 펼쳐져 나갈 것이었다. 그리고 예수님은 그들에게 달려나가지 말고, 서두르지도 말고, 성령으로부터 능력을 받을 때를 기다리라고 말씀하셨다. 처음부터 예수님의 방식은 협력이었다. 그래서 그들은 기다렸다.

　40일이 지나자 예수님은 더는 나타나지 않으셨다. 그 대신 열흘쯤 지난 후에, 그들이 기도하며 기다릴 때 성령이 매우 극적이고 공개적인 방식으로 쏟아부어졌다. 다른 사람들은 그 장면을 보고 매우 놀라 소동을 일으켰다. 이 제자들이 술에 취한 것인가? 아니면 기적이 일어난 것인가?

　그때 베드로가 무리에게 말하기 시작했다. 그들은 혼란에 빠져, 궁금해하기도 하고 조롱하기도 하면서, 베드로를 주목했다. 그는 이 성령의 쏟아부어짐이 이미 약속되었던 것이며, 모든 민족을 구원하시려는 하나님의 종말 때의 행위라고 설명했다. 지난 장에서 우리는 예수님의 죽음이 어떻게, 시간의 끝이 아니라 역사 중간에서 일어난, 모든 나라에 대한 하나님의 심판 행위가 되는지 생각해 보았다. 이제 성령의 부어짐은, 모든 나라, 성,

세대, 문화의 사람들을 연합하여 하나님을 예배하게 하는 사건이었고, 또 하나의 역사 중간으로 들어온 종말 사건이었다.

그 후에 베드로는 예수님의 기적들과 죽음에 대해 간단히 요약한 다음, 하나님이 어떻게 예수님을 죽은 자들 가운데서 일으키심으로 그분의 의로움을 확증하셨는지 말한다. "너희가 십자가에 못 박은 이 예수를, 하나님이 주와 그리스도가 되게 하셨느니라." 그는 예수님을 십자가에 못박고 그분의 권위와 주되심에 도전한 사람들의 끔찍한 죄를 직접적으로 지적한다. 그들은 "마음에 찔려" 어떻게 해야 할지 물었다. 베드로가 그들에게 말했다. "너희가 회개하여 각각 예수 그리스도의 이름으로 세례를 받고, 죄 사함을 받으라. 그리하면 성령의 선물을 받으리니…"(행 2:1-41을 보라).

이 성경 말씀에 근거하여 성경적인 회심은 다음과 같은 몇 가지 차원을 포함한다고 말할 수 있다.

- 회개
- 예수님에 대한 믿음 ("예수 그리스도의 이름으로"라는 구절을 주목하라)
- 세례와 공동체에 합류함
- 죄의 용서
- 성령의 선물

회심에 관한 성경 구절들을 연구해 보면, 이런 차원들이 반복하여 나타남을 알게 될 것이다. 요한복음은 회개와 믿음을 결합하여 '예수님을 믿는 것'이라고 말한다. 사도행전에는 회심 이야기가 나올 때마다 이런 차원들이 명시적으로나 암시적으로 존재한다.

회심에 대한 성경적인 함의들 중에서 중요하면서도 종종 소홀히 여겨지는 몇 가지를 생각해 보자.

회심은 어떤 명제에 대한 지적 동의 이상의 의미가 있다. 그것은 마음과 생각이 자기 통치를 버리고 하나님의 통치를 받아들이는 것과 관련된다.

실제로 믿음은 우리가 종종 이해하는 것보다 훨씬 더 큰 의미가 있다. 오늘날 우리는 믿음을 지적 동의나 감정적 낙관주의라고 생각하는 경향이 있다. 그러나 성경적인 의미에서 믿음은 예수님에 대한 전 인격적인 반응이다. 그것은 예수님의 이름, 인격, 성품, 그리고 삶의 방식에 연합하는 것이다. 그러므로 믿음은 지적이고, 감정적이고, 도덕적이고, 의지적인 차원들을 가지고 있다. 지적인 차원에서 우리는 예수님이 육체가 되신 하나님이시며, 우리를 위해 죽으시고, 우리의 주님이 되시려고 부활하셨다는 것을 **믿는다**. 감정적인 차원에서 우리는 예수님을 **신뢰하고**, 우리의 삶 전부를 주님께 맡긴다. 도덕적인 차원에서 우리는 죄와 자기 중심성을 **고백하고**, 예수님의 사랑과 정의의 길을 우리의 길로 받아들인다. 그리고 의지적인 차원에서 우리는 예수님의 삶의 방식과 과업mission을 받아들이고 예수님을 따르기로 **선택한다**.

그뿐만 아니라, 회심은 그저 개인들의 행위로 끝나는 것이 아니다. 그 과정에서 교회는 회심의 일부가 된다. 세례와 공동체로의 합류를 통한 공동체의 인정이 없다면, 그것은 진정한 회심이 아니다.

마지막으로, 회심은 모든 것을 바로잡는 하나님의 통치로 들어가는 인간 쪽에서의 움직임이다. 그러나 참된 회심에서 하나님은 여전히 주연 배우가 되신다. 하나님은 예수님이 십자가에서 행하신 일을 근거로 죄를 용서하신다. 하나님은 성령을 선물로 주셔서 우리와 하나님을 하나 되게 하신다. 그리고 성령은 변화를 위한 능력을 주시고, 사람들과 나라들을 향해 복음을 증거할 수 있게 하신다.

성경에 등장하는 대부분 사람은 이 모든 것들을 짧은 시간에 경험했지만, 우리의 삶 속에서는 이런 다양한 차원들이 각각 다른 시점에 일어날 수도 있다. 고든 스미스Gordon Smith는 그의 책 「좋은 시작Beginning Well」에서 회심을 다음과 같이 명료하게 설명함으로 이런 다양성을 긍정하고 포용하도록 도와준다. "회심은 몇 가지 구별되는 요소들 혹은 사건들을 포함하는 연장된 경험으로 보는 것이 가장 좋으며, 사람마다, 하나님의 성령이 개인의 삶 속에서 일하시는 고유한 방식에 따라, 이런 요소들 혹은 사건들을 다른 형태와 다른 순서로 경험하게 된다."

그러므로 요약하자면, 회심이란 하나님과의 연합이며, 모든 것을 바로 잡으시는 하나님의 통치 안으로 입문하는 것이다.

회심에서 우리 쪽에 해당하는 부분은 회개와 믿음이다. **회개**는, 일반적으로 통용되지 않는 단어인데, 돌아서는 것과 생각을 바꾸는 것을 의미한다. 우리는 자아로부터 하나님에게로, 또 자아의 방식으로부터 하나님의 방식으로 돌이킨다. 우리는 믿음을 지적·정적·도덕적·의지적 차원에서 생각해 볼 수 있다. 우리가 반드시 알고, 느끼고, 고백하고, 자신을 헌신해야 할 대상은 누구인가?

회심에서 교회 쪽에 해당하는 부분은 세례와 하나님의 가족으로 받아들이는 것이다.

회심에서 하나님 쪽에 해당하는 부분은 죄의 용서와 성령을 선물로 주시는 것이다.

결혼의 유비: 청혼

결혼은 보통 누군가가 "저와 결혼해 주시겠습니까?"라고 묻고 상대편이 "네!"라고 대답하는 청혼이 있고 난 다음에 이루어진다. 어떤 문화에서는 그 질문과 대답이 부모들 사이에서 이루어질 수도 있다. 어쨌든 누군가는 청혼을 해야만 한다.

하나님과의 연합도 대부분 같은 전조, 즉 누군가가 질문을 던지는 단계가 선행한다. "당신은 예수님을 따르고 당신의 삶을 하나님께 드리겠습니까?" 이렇게 관계의 첫 단계에서 중매자가 되고 여행 안내자의 한 역할을 맡게 되는 것이 얼마나 즐거운 일인지! 하지만, 우리 중 많은 사람은 하나님이 우리를 그런 방식으로 사용하실 것을 전혀 기대하지 않으며, 그런 종류의 기회를 달라고 구하지도 않고, 그런 기회가 와도 거의 알아채지 못한다.

내 친한 친구 하나가 몇 달 간 우리 교회에 출석했다. 그 기간 내내 그녀는 누군가가 자신에게 하나님과 헌신적이고 친밀한 관계로 들어가는 방법을 설명해 주기를 바랐다. 그녀는 예배에 참석했고, 소그룹 모임에 나갔으며, 성인 주일학교와 세미나에도 참가하면서 누군가가 자신을 하나님과의 관계로 초대해 주기를 바라며 기다리고 있었다. 결국 기다리다 지친 그녀는 목사님을 한쪽 구석으로 끌고 가서 직접적으로 쏟아붙였다. "어떻게 하면 그리스도인이 될 수 있는 거죠?" 목사님은 너무도 놀라고 당황한 나머지 이틀 동안 마음을 가라앉힌 뒤에야 그녀를 만났다!

나에게 처음으로 어떻게 그리스도인이 될 수 있는지를 물어보았던 사람은, 내 친구가 우리 목사님으로부터 받았던 반응보다 더 형편없는 반응을 얻었다. 우리는 추구자 소그룹 모임을 하고 있었는데 첫 번째 공부 시간에 내 친구 스콧이 물었다. "그래, 릭. 좋은 말이야. 하지만, 내가 어떻게 그렇게 하지?"

"그렇게 하다니, 뭘?" 내가 대답했다.

"어떻게 하나님을 내 삶에 모실 수 있느냐 말이야." 스콧이 더 분명히 말했다.

나는 몇 번 설명을 시도했지만 모두 비참한 실패로 끝나고 말았다. 그리고 나는 준비 안 된 나보다 더 잘 설명해 주길 바라며 소책자를 건네 주었다.

그 다음 날 스콧이 나에게 전화를 걸었다. "릭, 나도 그렇게 했어!" 거의 외치다시피 말하는 그의 목소리에 기쁨과 흥분이 묻어났다.

"정말 잘 되었어, 스콧." 내가 대답했다. "그래 어떻게 했는지 좀더 자세히 얘기해 봐." 그리고 스콧은 나에게 어떻게 예수님을 따르는 사람이 될 수 있는지를 설명해 주었다!

얼마 후, 나는 예수님을 따르는 여정 중에 또 다른 추구자 소그룹을 인도했다. 구성원 둘 중 하나는 아직 예수님께 반응할 준비가 되어 있지 않아 보였다. 다른 사람은 내가 보기에는 벌써 예수님을 따르고 있었다. 목사님은 나에게 '질문을 던지라'고 권하셨다. 하지만 나는 그렇게 하고 싶지 않았는데, 내 생각으로는 영접 초청이 그들의 현재 상황에 맞지 않는다고 느꼈기 때문이다. 한 사람은 벌써 예수님께 헌신하였기 때문에 모욕감을 느낄 수도 있었다. 또 다른 사람은 부담감을 느끼고 떨어져 나갈 수도 있었다. 그러나 목사님의 권고 속에서 성령님의 신호를 느끼며, (좀더 솔직히 말하면, 목사님이 표지를 잘못 보셨다는 것을 증명하고 싶기도 해서) 나는 복음 이야기를 요약하고 나서, 그들에게 예수님을 믿는 과정 중에서 자신이 어디쯤 있다고 보는지 물었다. 놀랍고, 부끄럽고, 행복하게도, 두 사람이 동시에, 자신은 한 번도 예수님의 권위에 진정으로 반응해 본 적이 없지만 그렇게 하고 싶다고 말했다. 나는 곧이어 그들이 그리스도께 헌신하고, 그리스도와의 연합으로 들어가도록 도와주었다!

당신은 다른 사람에게 '질문을 던진' 적이 있는가? 그렇게 하고 싶은가? 또는 내가 오랫동안 그래 왔던 것처럼, 사람들이 헌신의 지점까지 가도록 주위를 빙빙 돌며 기다리다가, 결국 다른 사람이 질문을 던지고 사람들이 반응하는 것을 보는 즐거움을 누리게 할 것인가?

유계집합 대 중심집합, 여행 대 사건

회심은 여러 가지 면에서 한 사람과의 결혼과 유사하다. 그러나 회심이 결혼과 매우 다른 중요한 부분이 있다. 회심에서 우리는 보이지 않는 한 분 Person과 하나가 된다! 하나님이 성령을 통해 한 사람과 결합하실 때는, 언제나 연합의 순간이 존재한다. 그러나 그것을 보는 우리는 실제로 언제 연합이 일어나는지 알 수 없다. 하지만, 우리는 누가 '구원을 받았고' 누가 '받지 못했는지', 누가 '들어와' 있고 누가 '바깥에' 있는지, 누구를 구원받은 사람으로 헤아릴 수 있는지 알아내는 데 많은 시간을 들인다. 회심에 대한 다른 두 가지 관점은, 당신이 (1) 다른 사람에게 어떻게 도움을 줄 수 있을지 알려주며, (2) 누가 안에 있고 누가 바깥에 있는지와 같은 질문을 그만두고 그 문제를 하나님께 맡기도록 도와주는 것이다.

만일 회심이 우리 자신의 여러 가지 차원들이 개입되는, 시간이 걸리는 과정이며, 사람마다 각자의 배경, 경험, 그들의 삶에서 성령의 고유한 사역에 따라 다른 방식으로 일어난다면, 누가 그리스도인이며 누가 아닌지 판별하는 것은 단지 어려운 일이 아니라 불가능한 일이 된다. 만일 많은 사람이 '길 위에' 있다면, 결정적으로 중요한 질문은 '안에 있는가, 밖에 있는가'가 아니라, '어떤 방향으로 가고 있는가'이다. 그 질문이 바로, 좋은 중매자와 여행 안내자로서 당신과 내가 던질 수 있는 질문이다.

인류학자 폴 히버트Paul Hiebert는 많은 사람이 직관적으로 알고 있던 것을 말로 표현했다. 그는 우리가 **유계집합**bounded set의 용어로 생각하는 경향이 있다고 지적했다. "경계가 어디이며, 당신은 경계를 기준으로 어느 쪽에 서 있는가?" 히버트는 우리에게 **중심집합**centered set을 생각하라고 권한다. 이 경우 핵심적인 질문이 바뀐다. "당신은 어떤 방향으로 움직이고 있으며, 집합의 중심과 당신은 어떤 관계가 있는가?"

여기에는 중심집합의 사고뿐 아니라, 여행의 이미지도 도움이 된다. 예수님을 따르는 사람들에게 중심은 정적인 것이 아니다. 예수님은 움직이고 계신다. 그러므로 핵심 질문은 이것이다. "당신은 그분을 따르고 있는가?"

이런 것들이 우리가 물을 수 있는 질문들이며, 사람들이 종종 의미 있는 응답을 할 수 있는 질문들이다. 다양한 회심의 모델에 대한 그림을 보려면 부록 2를 참고하라.

후기 기독교 사회의 사람들은 진부한 질문이나 모든 사람에게 천편일률적으로 주어지는 질문을 듣고 싶어하지 않는다. 또 당신이 그들이 말하고 싶은 수준보다 더 많은 것을 요구하는 듯이 보이면, 그들은 감정이 상할 것이다. 전도는 물건을 파는 것이 아니라, 영적인 인도를 제공하는 것이다. 그것은 '밖에' 있다가 '안으로' 들어오는 문제가 아니다. 그것은 결혼과 비슷하며, 우리를 사랑하시고 변화시키려 하시는 하나님과 하나가 되는 것이다. 그러므로 후기 기독교 사회의 사람들에게 그들의 선택을 진부한 말로 표현하라고 요구하지 말자. 그들 자신의 언어를 사용하도록 격려하고, 그들의 입문 의식이 뜻 깊은 시간이 될 수 있도록 도와주자. 이에 대한 성경적인 형식은 공적인 자리에서 세례를 받는 것이었다.

당신이 속한 주된 기독교 공동체가 세례를 주지 않는 선교 단체일 수도 있다. 그럴 때는 공적인 방식으로 헌신을 축하하고, 새로운 신자들이 스스로 선택한 교회에서 세례를 받을 수 있도록 안내하라.

헌신하도록 이끌기

사람들이 처음 하나님의 통치와 그리스도와의 연합 안으로 들어올 때, 우리가 그들을 어떻게 도울 수 있을까?

앞 장에서 우리는 복음 이야기를 말해 주고, 좋은 질문을 던져야 함을 배웠다(또 부록 1을 보라). 그 후에, 사람들이 준비되었을 때, 복음에 응답하도록 권유한다. 우리는 그들이 마음을 표현할 수 있는 시간과, 장소와, 말을 찾도록 돕고, 성령님이 그들의 삶 속에서 행하시는 일에 반응하도록 돕는다.

여기 우리가 던질 수 있는 질문들이 있다.

- 그리스도를 믿는 믿음으로 가는 과정에서 당신은 어디쯤 와 있습니까? 당신이 지금 당장 그분의 용서나 인도하심을 요청하지 못하는 특별한 이유가 있습니까?
- 예수님의 공동체에 합류하는 것과, 당신과 당신이 속한 세상을 변혁하시려는 예수님의 큰 계획을 열린 마음으로 받아들이고 있습니까? 여전히 당신을 머뭇거리게 하는 무언가가 있습니까?
- 하나님의 임재로 당신을 채워주셔서, 당신을 변화시키시고 예수님을 따를 힘을 달라고 하나님께 기도하고 싶습니까?
- 지금 나와 함께 기도를 드릴까요? 아니면 나중에 혼자서 기도하시겠습니까?

이런 질문 후에 그들이 준비되었고 우리와 함께 응답하기를 원한다면, 우리는 그들이 자신의 언어를 찾도록 도와줄 수 있다.

여기 샤론이(그녀는 수줍음을 잘 타는 내성적인 여성이며, 세일즈에는 소질이 없지만 아주 훌륭한 여행 안내자다) 최근에 대화식 기도를 통해 알리시아를 하나님께로 인도한 사례를 소개한다.

샤론이 기도했다. "하나님, 알리시아의 마음속에서 일하심을 감사합니다. 예수님, 그녀가 당신을 따르고자 하는 마음을 주신 것을 감사합니다. 하나님, 이제 그녀가 자신의 마음을 당신과 나눌 수 있는 언어를 주십시오." 그리고 샤론은 알리시아에게 이렇게 말했다. "이제 자신의 말로, 하나님께, 당신을 용서해 주시고, 당신 자신을 위한 삶에서 돌아서서 하나님을 위한 삶을 살 수 있도록 도와달라고 기도드리세요."

알리시아가 기도했다. "하나님, 저는 하나님을 알고 싶습니다. 제가 하나님을 무시하고, 다른 사람을 아프게 했던 것을 용서해 주십시오. 특히 저와 롭과의 관계에서 저를 도와 주세요."

그 후에 샤론이 그녀를 격려했다. "이제 예수님께, 예수님이 당신의 인도자가 되시고, 당신의 삶에 들어오셔서 운전석에 앉으시기를 바란다고 말씀드리세요." 그들은 그 전에 예수님을 운전석에 앉도록 모시는 이미지에 대해 이야기를 나눈 적이 있었다.

알리시아가 기도했다. "예수님, 당신이 저의 삶을 주관해 주세요. 나는 당신을 알고 싶고, 당신이 내가 무엇을 행하기를 바라는지를 배우고 싶습니다. 하나님, 도와 주세요."

샤론이 기도했다. "하나님, 알리시아에게 당신을 따르고 싶은 열망을 주시니 너무 감사합니다. 하나님, 이제 기도드리오니, 그녀의 죄를 완전히 용서하여 주시고, 당신의 임재로 그녀를 채워 주십시오." 그리고 샤론은 알리시아에게 말했다. "알리시아, 당신 자신의 말로 하나님의 임재와 성령으로 충만케 해 달라고 기도하세요."

"그렇습니다, 하나님. 저를 당신의 영으로 충만케 해 주세요. 저는 당신이 필요합니다. 저를 당신께 드립니다."

샤론은 다음과 같은 기도로 마무리했다. "하나님, 알리시아에게 당신을 향한 헌신의 마음을 주시니 감사합니다. 우리가 간구할 때, 우리를 용서해 주시고, 인도하시고, 충만케 하시겠다고 하신 약속에 대해 감사를 드립니다. 알리시아가 그렇게 간구하였습니다. 알리시아로 인해 주님께 감사합니다. 저는 알리시아를 무척 좋아합니다. 또, 주님께서 알리시아를 온전히 사랑하심도 않습니다. 이제 알리시아가 주님을 따르며, 주님과 하나가 되어 다른 사람을 섬기도록 힘을 주세요. 아멘."

샤론은 알리시아를 따뜻하게 껴안았다. 그리고 그녀에게 오늘 일어난 일을 소그룹에서 나누는 것을 생각해 보라고 권했다. 몇 달 후에 그녀는 전 교인이 모인 자리에서 세례를 받았다. 그 날 알리시아는 기쁨에 넘쳐 활짝 웃고 있었다. 물론 샤론도 마찬가지였다!

당신은 사람들에게 '질문을 던짐으로써' 하나님 나라로 초대하는 일에 동참하고 싶지 않은가? 당신은 그 일을 경험한 적이 있는가?

"너희가 얻지 못함은 구하지 아니하기 때문이라"(약 4:2).

결론

나는 이 장에서 회심을 결혼과 같은 것으로, 또 우리 자신을 중매자로 보아야 한다고 제안했다. 이 장을 마무리하면서, 당신에게 몇 가지 질문을 던지고 싶다.

앞으로 당신은 좀더 생동감 넘치는 복음 증거자가 되고자 헌신하겠는가?

당신은 자신을 여행하는 세일즈맨이 아니라, 여행 안내자로 바라볼 수 있는가? 당신은 영적인 여정에서 친구들과 영적인 대화를 나눌 기회를 적극적으로 찾을 수 있는가?

당신은 다른 사람들의 삶 속에서 하나님의 영이 일하시는 단서를 찾는 탐정으로서 더 훌륭한 역할을 하고자 하는가? 당신은 복음 증거에서 하나님의 더 나은 동역자요 파트너가 될 수 있는가?

당신은 복음 증거에서 쿠키를 찍어내는 식의 접근을 포기하고, 당신의 특별한 은사로 전체 공동체의 복음 증거에 이바지할 수 있겠는가?

당신은 당신이 좋아하는 일을 아직 예수님을 모르는 사람들과 함께 할 수 있겠는가? 당신의 고민과 의심과 영적인 실패를 그들과 나눌 수 있겠는가? 당신은 상처입은 사람들을 감싸 주는 사역을 기꺼이 배우겠는가?

당신은 자신의 삶의 단계마다 경험했던 좋은 변화 이야기를 말할 수 있는가? 당신은 자신이 정말로 하나님의 임재와 권위를 경험하고 대면했던 이야기를 말할 수 있는가?

당신은 예수님에 관하여 선입견을 흔들어 놓는 방식으로 말을 꺼낼 수 있는가? 당신은 우리 문화에 만연한, 그리고 종종 우리 자신의 마음에까지 침투해 있는, 영적인 소비자주의에 대해서도 기꺼이 맞서고자 하는가?

당신은 큰 이야기the Big Story를 알고 있는가? 인류에 대한 하나님의 사랑 이야기와 온 세상을 변혁하시려는 하나님의 회복 프로젝트에 대해 말할 수 있는가? 당신은 하나님의 이야기 속에서 자신이 어디에 위치해 있는지 아는가? 당신은 자신이 누구인지 아는가?

당신은 좀더 솜씨가 뛰어난 영적 중매자가 되고 싶은가? 영접 초청을 할 기회를 달라고 하나님께 간구하겠는가?

우리가 함께 전도에 대한 이런 새로운 이미지들을 포용하고 이런 질문들을 삶으로 받아들이기 시작한다면, 나는 하나님이 성령을 부어 주시고 교회와 세상을 놀랍게 갱신시키실 것이라 믿는다.

이 여정에 나와 함께하지 않겠는가? 무엇보다도, 이 길에서 예수님과 함께하지 않겠는가? 나는 지금도 주님의 음성을 듣는다. "아버지께서 나를 보내신 것처럼, 나도 너희를 보내노라."

부록 1
다인종 사회에서 신뢰 구축하기

복음 증거에 관해 도움을 구하는 사람들은 후기 기독교화된 주류 서양 문화에 속한 사람들만이 아니다. 다른 인종과 문화의 사람들도 역시 도움이 필요하다. 그러므로 나는 이 책을 당신이 접근하고자 하는 다른 문화 집단에 적용할 수 있도록 도와주는 몇 가지 생각과 이야기를 제시하고자 한다. 먼저 이 책의 주제와 핵심 내용을 요약함으로써 시작해 보자.

본론에 들어가기 전에, 이 책의 주제가 후기 기독교 사회에서 신뢰를 구축하는 것이었음을 기억하자. 비록 그 주제가 드러나게 표현되지는 않았지만, 내가 쓴 모든 내용의 핵심은 그것이다. 나는 추구자, 회의자와의 관계와 대화에서, 깨어진 신뢰를 문제가 아닌 기회로, 장벽이 아닌 다리로 보라고 도전했다.

우리가 주위 사람들과 믿음을 나누려 할 때, 왜 이러한 심각한 신뢰의 문제를 직면하게 되는가? 우리는 영적 지도자들과 종교에 대한 신뢰가 깨어진 후기 기독교 사회에 살고 있다. 많은 문화에서, 그리고 특히 서양에서, 기독 교회는 광대한 영향력을 끼치며 힘을 발휘해 왔다. 교회가 힘을 지니고 그 힘을 오용한 곳에서는 어디서나 신뢰가 깨어지는 문제가 생겨났다. 먼 과거에, 예를 들어 십자군이나 종교 재판의 시대에, 그리스도인이 십자가와 칼을 하나로 만들어 외부인과 '불신 죄인들'을 향해 폭력을 휘둘렀던 일들이 오늘날까지도 계속 악영향을 끼치고 있다. 또한, 교회는 때때로 힘을 가지고도 불의 앞에서 (예를 들어 유대인 대학살과 같은) 침묵함으로써, 그 영향을 받은 유대인 등이 십자가를 증오나 비겁함과 연관시키게 만들었다.

현대 서양의 포스트모던 문화 속에서도 교회는 커다란 영향력과 힘을 가지고 있으며, 신뢰의 문제는 분명히 드러나지는 않지만 종종 꽤 심각한 상태임을 보게 된다. 이 책에서 나는 깨어진 신뢰에 대해, 우리도 그것을 경험함을 인정하고 우리의 고민을 다른 사람과 진실하게 나눔으로써, 그 문제에 자신을 동일시하는 것이 도움이 된다고 제안했다. 그럴 때 비로소 우리는 마음이 상한 사람들을 섬길 수 있다.

신뢰를 다시 쌓고자 이런 직접적인 단계를 밟는 것 외에도, 우리의 계획과 대본을 내려놓고 성령님과 동역하는 법을 배우고, 영적인 환대를 베풀고, 하나님의 실재에 관한 진짜 이야기를 말하고, '지금 여기'와 영원한 세계를 위한 하나님의 변혁하시는 능력의 복음을 말하고, 사람들과 그들을 사랑하시는 하나님 사이에서 중매자가 되는 법을 배울 수 있다. 이런 모든 노력과 이미지가 목표로 삼는 것은, 신뢰의 다리를 다시 놓아 기독교 진리를 온전히 전달하려는 것이다.

우리를 물어야만 하는 질문은 이것이다. 후기 기독교 세계에서의 복음 증거에서, 신뢰와 진리는 어떻게 함께 손잡고 나아갈 수 있는가? 우리는 어떤 문화, 어떤 인종 그룹에 속해 있든지 이 질문에 대답할 수 있어야 한다.

우리는 또한 이런 질문들을 던져야만 한다. 그리스도인과 교회와 하나님에 대해 사람들이 가진 신뢰의 문제가 무엇인가? 나는 그런 신뢰의 문제에 자신을 동일시할 수 있는가? 나는 상처받은 사람을 섬길 수 있는가? 내가 도전하고 깨뜨려야 할, 예수님과 신앙에 대한 고정 관념은 무엇인가? 어떻게 나는 예수님에 대해 사람들이 예상치 못한 신선하고 진실한 방식으로 말할 수 있는가?

문화적인 배경이 어떠하든지, 한 사람의 신뢰 문제는 종종 교회와 지도자들이 그들의 힘과 권위를 사용하는 방식과 관련하여 생겨난다. 힘의 오용, 사회악에 대한 침묵과 수동적 대응으로 인해 신뢰가 깨어질 수 있다. 어떤 사람들은 목사, 교회, 그리스도인, 하나님에 대해 신뢰가 깨어졌을 수 있다. 사람들은 하나님을 향한 깨어진 신뢰를 종종 이런 질문으로 표현한다. "내가 ~할 때 하나님은 어디에 계셨나요?" 교회가 힘을 지닌 문화에 속한 사람들과 이야기를 나눌 때, 우리는 깨어진 신뢰의 문제에 주의를 기울여야 할 것이다. 특히, 한때 교회가 지배적이었으나 이제는 급속히 주변화되고 있는 후기 기독교 사회에서는, 진리를 효과적으로 전하려면 먼저 신뢰를 지혜롭게 구축해야 한다.

나는 아프리카계 미국인 문화에 대해 먼저 언급하고자 한다. 이 문화가 백인 문화 밖에서 나 자신이 가장 많이 접해 온 문화이기 때문이다.

흑인 교회는 아프리카계 미국인 문화에서 거대한 힘을 발휘하고 있다.

오랜 세월 동안 흑인 교회는 지역 사회에서 '흑인들이 소유하고 흑인들이 운영하는' 유일한 기관이었다. 그래서 많은 흑인 공동체 속에서 교회는 사회적·정치적·영적·경제적 중심의 역할을 감당해 왔다. 과거에는 특별히 그러했고, 오늘날도 이런 상황은 변함이 없다. 흑인 교회는 중요한 필요를 채워주었다. 예를 들어, 많은 사람이 일반 사회에서 경험할 수 없었던 인정과 사회적 지위를 교회를 통해 경험했다. 더 나아가, 많은 흑인 교회들이 아직도 설교, 예배 스타일, 그리고 수직적 계층 구조 안에 아프리카 식 신앙 표현 방식을 가지고 있다. 흑인 교회 안에서 볼 수 있는 아프리카적인 영향력의 좋은 예는 오순절주의다. 세계적으로 가장 빠르게 성장하는 기독교 신앙인 오순절주의는 흑인 교회의 경험에 뿌리를 내리고 있다. 오순절주의는 아프리카계 미국인 윌리엄 세이무어가 주도한 1904년 로스앤젤레스의 아주사 가Azusa Street의 부흥을 통해 처음 공개적으로 드러났다. 오순절주의적인 황홀경의 예배, 방언, 치유, 구원은 아마도 노예 시절의 흑인 교회에 그 뿌리를 두고 있을 것이다. 그것은 아프리카적 세계관, 고난과 억압의 경험, 성경적 신앙으로의 참된 회심이 결합한 모습이다. 그러한 흑인 교회의 오랜 역사와 영향력은 경하할 만한 것이다. 그러나 흑인 공동체 속에서 흑인 교회가 가진 굉장한 힘과 영향력은 또한 깨어진 신뢰 문제를 낳았다. 아마도 이것은 젊은 흑인 남성들 사이에서 특히 문제가 되는 것 같다.

최근 아프리카계 흑인 청년인 프레드는 나와 함께 자신의 신뢰의 문제를 돌아보았다. 그는 자신이 성장한 교회의 감정주의에 대해 의문을 품고 있었다. 그의 교회에서 어떤 여자들이 예배 도중에 영적인 황홀감을 표출하였는데, 그가 보기에는, 그들이 자신들에게 주의를 끄는 방식으로, 대부분 예상할 수 있는 순간에 그런 표현을 하는 것 같았다. 그는 또한 목사님의 권위 사용과 교회 내 몇몇 여자들과의 관계에 대해 의문을 품고 있었다. 더 나아가, 강단에서 들려지는 메시지는 생존, 고난, 감정적인 카타르시스에 초점을 맞출 뿐, 사람들이 변화하고, 앞으로 나가고, 미래를 바라보도록 도와주지 않는 것처럼 보였다. 마지막으로, 교회 안에 만연한 시기와 질투는 그와 그의 가족들에게 몹시 부정적인 영향을 끼쳤다.

프레드는 또한, 전미 침례교the National Baptist나 아프리카 감리교회the African Methodist Episcopal와 같은 좀더 전통적인 주류 흑인 교단들에 대해 가진 문제 의식도 털어놓았다. 이런 교회들은 종종 정치적 운동의 최전선에 있었지만, 프레드는 그들이 구식 모델에만 매달리고 있으며, 오늘날의 경제적·문화적·국제적 상황에 적절히 대응하지 못한다고 생각했다. 그들은 영적인 생명력이 없어 보이고, 종종 여성 리더십에 대해 부정적인 입장을 취하는 것 같았다.

프레드는 역사를 충분히 알고 있고, 이렇게 많은 실천 형식들과 형태들이 생겨난 이유도 이해하고 있었지만, 정직 교회에 대한 신뢰를 잃어버렸다. 하지만 그는 영적인 질문들에 대해서는 아직도 관심이 있었다.

프레드는 또한 기독교를 백인들의 종교라고 부른 말콤 엑스Malcolm X와 같은 흑인 이슬람교도들의 책도 읽었다. 그는 백인 교회가 노예제와 인종차별을 정당화했고, 개인 구원의 복음을 설교하여 백인들이 자신들의 사회적 죄를 깨닫지도 고백하지도 못하게 만듦으로써, 아프리카계 미국인들에게 해를 끼쳤다고 지적했다.

그래서 프레드는 자신의 흑인 교회 전통과 백인들의 교회 전통, 둘 모두에 대해 신뢰의 문제를 가지고 있었다. 백인종에 속하는 사람으로서, 나는 특히 두 번째 종류의 신뢰의 문제에 대해 말할 수 있었다.

나는 프레드에게 나와 로날드 마이어스Ronald V. Myers Sr.와의 관계에 대해 이야기해 주었다. 론은 1980년대에 위스콘신 주립대학에 다니던 아프리카계 미국인 의대생이었다. 나를 위한 론의 첫 번째 기도는 이러했다. "주님, 제 형제를 위해 기도합니다. 그는 돕고자 합니다. 그는 좋은 마음을 가지고 있습니다. 그러나 그는 나와, 내 민족과, 우리의 역사를 이해하지 못합니다. 주님, 그는 단지 이해하지 못할 뿐 아니라, 자신이 이해하지 못한다는 사실조차 이해하지 못합니다. 주님 그를 용서해 주시고, 도와 주십시오." 처음에 나는 상처를 받았다. 그러나 곧 론이 옳았음을 알게 되었다! 그 기도는 그 후로 25년 간 이어진 우정과 동역자 관계의 출발점이 되었다.

내가 그 경험을 프레드에게 말해 주었을 때, 그의 마음이 녹았다. 비록 그가 백인에 대해 커다란 신뢰의 문제를 가지고 있었지만, 무지한 백인 형제로서 무언가 도움을 주고 싶어했던 내 이야기가 나의 솔직한 마음을 드러냈고, 그가 나를 새로운 시선으로 바라볼 수 있게 해주었다. 나중에 내가 프레드와 개인과 사회의 구원을 위한 하나님의 복음에 대해 이야기할 때, 그는 개인적 변화뿐만 아니라 사회적 변혁과 정의를 언급하는 복음에 대해 큰 관심을 보이며 듣고자 했다.

이런 종류의 신뢰의 문제는 아프리카계 미국인을 향한 복음 증거뿐 아니라 다른 여러 인종과 문화 집단에게 복음을 증거하는 경우에도 적실성을 가진다. 내가 미국 원주민Native Americans, First Nations 사람들과 이야기를 나누었을 때, 나는 백인 교회와 동화同化주의적 미국 원주민 교회 사이에 있는 심각한 신뢰의 문제를 발견했다. 그것은 미국의 역사가 처음에는 미국 원주민들을 멸절시키려 했고, 그 다음에는 미국 원주민들의 문화와 그들이 가진 영적인 세계관을 철저히 배척했기 때문이다.

라틴계 미국인들을 만날 때 발견하는 신뢰의 문제는, 대부분 백인 교회들이 라틴계 사람들의 문제를 전혀 인식하지 못하는 것과 관련이 있다. 또한, 미국과 해외에 있는 많은 라틴계 사람들은 비 가톨릭 교인들에 대하여 신뢰의 문제를 가지고 있다. 가톨릭 배경을 가진 라틴계 사람들은 복음주의자들이 그들을 개신교로 개종시키려 하고, 그들의 종교적·문화적 정체성을 흔들어 놓을까 봐 염려한다. 이런 신뢰의 문제는 남미의 가톨릭교도와 개신교도 간의 역사적인 적대감에서 기인한다. 그러므로 반 가톨릭적 접근법은 이미 깨어진 신뢰를 더 고착시키고 문제를 더 심화시킬 뿐이다.

아시아계 사람들의 경우, 특정한 문화 속에서 교회가 얼마나 힘을 지니고 있는가에 따라서 사람들의 반응이 달라지는 것을 본다. 예를 들어, 문화 속에서 교회가 큰 힘을 지니는 한국계 미국인과 이야기를 나누었을 때, 나는 목사님과 기독교적 권위를 가진 다른 지도자들에 대한 신뢰의 문제를 들을 수 있었다. 특히 한국계 미국인이 2세 또는 그 이후 세대이며, 이중 문화나 미국식 문화에 익숙하다면, 그들은 아마도 많은 첫 세대 한국인들이 소중히 여기는 권위 표현 방식에 대해 신뢰의 문제를 가지고 있을 것이다.

다른 인종적 배경의 사람들과 신뢰의 다리를 세우려고 할 때, 우리는 그들이 자기 문화의 교회 전통에 대해 지닐 수 있는 신뢰의 문제, **그리고** 지배 문화의 교회 전통에 대해 지닐 수 있는 신뢰의 문제에 대해 민감해져야 한다. 여기에서는 분량상 그러한 신뢰의 문제를 모두 열거할 수 없다.

그러나 나는 다음과 같은 접근 전략과 응답의 패턴을 제시할 수는 있다.

- 배후에 있는 신뢰의 질문을 잘 포착하도록 안테나를 곧게 세우라.
- 당신과 같은 인종의 사람들이 다른 인종의 사람들에게 상처를 주었을 일들에 대해 들어보고, 책임감 있게 반응하는 법을 배우라.
- 사람들이 그들의 인종적 배경 속의 교회 전통에 대해 어떤 신뢰의 문제를 가지고 있는지 알아보는 질문을 던지라.
- 그들이 상처를 입었던 문제가 무엇인지 파악하라.
- 그들의 상처 받았던 마음을 감싸주라.
- 진리를 말하고 예수님에 대해 말하기 시작하라. 고정 관념을 깨뜨리고 선입견을 흔들어 놓는 방식으로 그 내용을 전하라.

당신은 상대방이 가진 신뢰의 문제를 알지 못할 수도 있다. 그러나 정직한 질문을 던지고 배우려는 마음으로 귀를 기울이면, 하나님은 당신을 사용하실 수 있다. 그러면 당신은 그리스도를 더 잘 나눌 수 있고, 우리 모두를 도와줄 다음 책을 **당신이** 쓰게 될지도 모른다! 당신이 신뢰를 다시 구축하고 진리를 말하는 이 여정을 계속 추구한다면, 나는 당신이 접근하려 하는 그룹의 신뢰의 문제에 대해 기꺼이 듣고 싶다. 복음을 위해 인종과 문화의 경계를 넘어 신뢰를 구축하는 일에 나는 일생을 바쳐 열정적으로 헌신해 왔다. 나는 앞으로 당신과 또 다른 많은 사람과 대화를 나누기를 간절히 바란다. 당신이 새롭게 배우는 것이 있다면, 다음 이메일 주소로 나에게 알려주기 바란다. Rick.C.Richardson@wheaton.edu.

굉장한 뉴스

'중심에 무엇이 있습니까?' 복음 설명법

부록 2

세상을 회복하고 변혁하려 하시는 하나님의 계획에 관한 위대한 이야기를 어떻게 나눌 수 있는지 보여 주는 한 가지 사례를 제시하려고 한다. 나는 이 방법으로 최근에 한 젊은 여성에게 복음을 전했다. 그녀는 나와 몇 번 영적인 대화를 나누었던 사람이었다. 적당한 시점에서 나는 그녀에게 이렇게 물었다. "지금까지 당신과 나는 영적인 문제에 대해 많은 이야기를 나누었습니다. 잠깐 나의 영적인 여정을 말씀드리고, 세상을 치유하시는 하나님의 계획 이야기에 관해 말씀드려도 괜찮을까요?"

나는 우리가 지금까지 논의해 온 접근 방법을 사용하였다. 나는 이를 '중심에 무엇이 있습니까?' 복음 설명법이라고 부른다. 다음 그림에서 중심의 원은 개인을 나타내고, 두 번째 원은 관계를 나타내며, 바깥 원은 제도, 인종, 그룹, 나라, 자연 세계 등을 포함하는 체계들을 나타낸다.

• 당신과 나는 하나님이 지으신 다른 모든 것들과 마찬가지로 선한 존재로 지어졌습니다. 모든 존재는 하나님을 중심에 모시도록 설계되어 있었습니다.

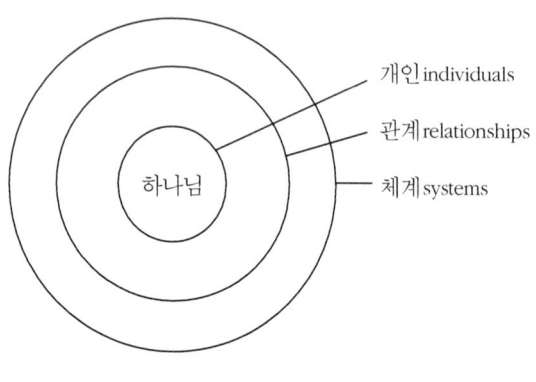

그림 1. 하나님이 중심에 계심

하나님을 중심에 모신 이러한 조화로운 상태는 단지 우리 자신들 개개인에게만 필요한 것이 아니라, 우리의 관계, 우리를 둘러싼 자연적·문화적 구조들을 위해서도 꼭 필요한 것입니다. 인종 차별이나 성 차별이나 온실 효과와 같은 문제들은 본래 의도된 모습이 아닙니다. 그러면 무엇이 잘못된 것일까요?

• 당신과 나는 하나님이 계셔야 할 중심에 다른 것들을 가져다 놓았습니다. 그것은 관계일 수도 있고, 돈, 성취, 경험과 같은 어떤 대상일 수도 있습니다. 궁극적으로는, 우리가 자신을 중심에 놓은 것입니다. 그리고 나와 당신뿐 아니라, 집단과 문화와 나라들도 같은 일을 행했습니다. 그 결과로

초래된 악 때문에 우리는 상처를 받고 있습니다. 우리의 삶은 본래 의도되었던 모습도 아니고, 우리가 바라는 모습도 아닌 상태가 되었습니다.

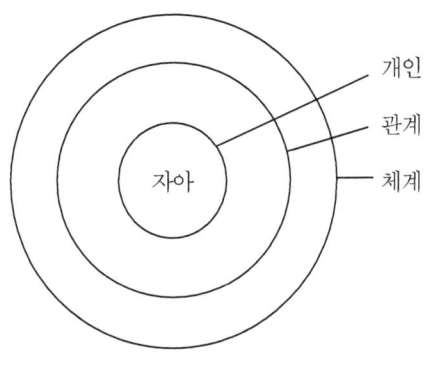

그림 2. 자아가 중심에 있음

우리는 자기 방식대로 살아가며 자기가 일등이 되려는 목표하에 자신을 중심에 둡니다. 나라들은 다른 나라에 해를 끼쳐가면서 자기 나라의 안보를 추구함으로써 자기를 중심에 둡니다. 민족들은 자기 중심적으로 생각하고 다른 민족을 열등하게 여김으로써 같은 일을 행합니다. 우리가 자신을 중심에 둔 최종 결과는 전쟁입니다. 우리는 모두 스스로 완전하다고 여깁니다. 하지만, 서로 신뢰하지 않습니다. 우리는 상처를 받고 떨어져 나와, 다른 사람들로부터 벽을 쌓습니다. 우리는 외로워지고, 자연, 다른 사람, 하나님, 심지어 자신으로부터도 소외됩니다. 우리 정체성의 핵심 부분에서 우리는 영적으로 죽었고, 우리의 세계는 분열되고 전쟁이 일어납니다. 하나님은 우리를 선하게 지으셨고, 우리는 하나님께 모든 것을 받았습니다. 하지만, 우리는 하나님의 길 대신에 우리 자신의 길을 선택했고 고통스러운 열매를 거두게 되었습니다. 하나님은 우리를 사랑하시지만, 우리는 하나님을 무시하고 함부로 대함으로써 하나님을 공격하고 상처를 주었습니다. 우리는 하나님 앞에서 우리의 삶에 대해 책임을 져야 하며, 심판을 받아야 합니다. 우리는 이 세상뿐 아니라 오는 세상에서도, 홀로, 하나님 없이, 영적으로 죽은 상태로 남게 되어야 마땅합니다. 그것이 우리가 선택한 바이기 때문입니다.

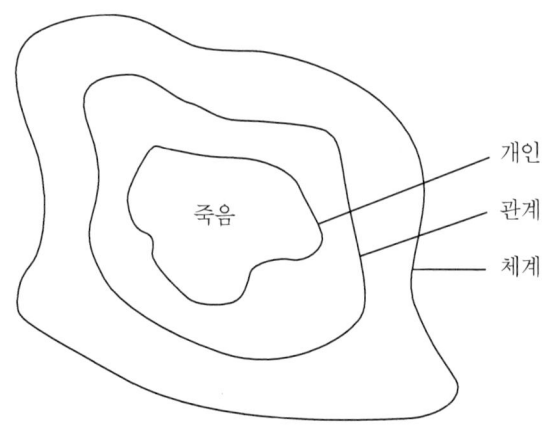

그림 3. 영적 죽음과 분열된 세계

이 말이 좀 심하게 느껴질 것입니다. 하지만, 정말로 좋은 소식도 있습니다. 하나님이 우리와 세상을 사랑하셨고, 너무도 사랑하신 나머지, 우리를 이러한 곤란한 처지에 버려두지 않으셨습니다. 하나님이신 예수님이 우리에게 오셨고, 참된 사람이 어떤 모습인지, 사랑하는 삶이 무엇인지를 보여 주셨습니다. 예수님은 우리에게, 모든 사람이 사랑을 받는다면, 하나님의 치유가 모든 사람에게 임할 수 있다면, 그리고 남자와 여자 사이에, 다른 인종들과 나라 사이에, 인간과 자연 사이에, 우리와 하나님 사이에 조화가 회복될 수 있다면, 어떤 모습이 될지를 보여 주셨습니다. 그리고 예수님은 우리를 위해 죽으셨습니다. 그분은 우리의 자기 중심성과 그 결과인 영적인 죽음을 자기 몸으로 취하사 십자가에 달리셨습니다. 그는 우리의 자기 중심성의 대가를 치르심으로써 우리가 그 값을 치를 필요가 없게 하셨습니다. 예수님은 자기 몸으로 우리가 받아야 할 심판을 받으셨습니다. 우리를 위한 그분의 죽음은, 또한 온 세상의 자기 중심성을 이기기 위한 죽음이기도 합니다.

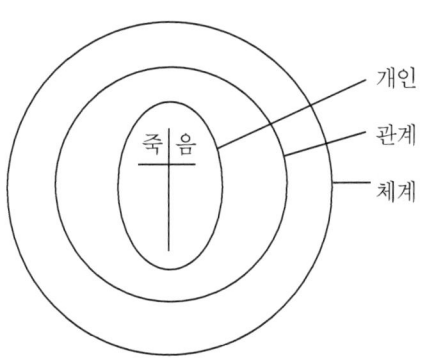

그림 4. 십자가를 중심에 둠

예수님은 자신의 죽음을 통해 우리와 하나님의 관계를 치유하실 뿐 아니라, 또한 우리와 다른 사람과의 관계, 그리고 우리와 전체 창조 세계와의 관계까지도 치유하기 시작하셨습니다. 그분의 죽음은 하나님으로부터 분리된 우리 내면의 소외를 극복하게 합니다. 그분의 죽음은 또한 인종, 계층, 성별 간의 소외를 극복하는 과정이 시작되게 합니다. 하나님은 온 세상을 치유하기 시작하셨습니다.

• 예수님은 우리를 위해 죽으셨을 뿐 아니라, 우리에게 생명을 주시고자 죽은 자들 가운데서 일어나시고 다시 살아나셨습니다.

그의 생명이 우리를 살게 하고, 우리의 관계에 치유를 가져다 주고, 우리를 자유롭게 하여 세상을 치유하시는 예수님의 사역에 동참하게 합니다.

• 우리에게 필요한 것은 단지 응답하는 일입니다. 우리는 우리의 잘못된 중심과 자기 중심성을 **인정하고**, 돌이켜 하나님께 나옵니다. 우리는 마땅히 죽어야 할 우리를 위하여 죽으신 예수님의 죽음을 **받아들입니다**. 이것은 우리가 입힌 상처들 때문이며, 또한 우리에게 꼭 필요한 용서를 얻기 위함입니다. 마지막으로 우리는 예수님께 우리의 삶의 중심에 들어오시도록 **간구하고**, 우리 자신을 용서자요, 치유자요, 지도자이신 예수님께 바칩니다. 예수님을 통해 우리의 진정한 정체성, 즉 사랑받는 하나님의 자녀 됨이 하나님과의 관계 안에서 재정립됩니다. 그리고 우리는 세상을 치유하고, 개인과 단체들이 예수님을 중심에 모시도록 초대하는 주님의 과업에 동참합니다.

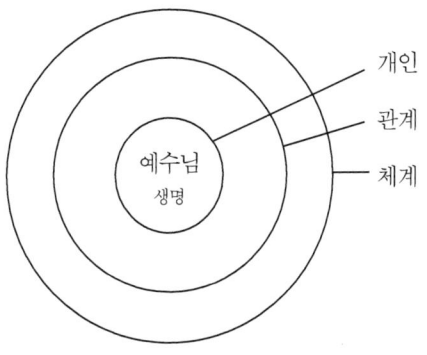

그림 5. 그리스도를 중심에 모심

• 하나님이 당신의 삶의 중심에 계십니까? 또는 하나님이 중심이 아닌 다른 곳에 계시거나, 아예 당신의 삶의 원 바깥에 계십니까? 예수님께 당신의 삶의 중심에 들어오시도록 청하는 것은 결혼 헌약이나, 새로운 가정에 입양되는 것과 비슷합니다. 당신은 처음부터 당신이 헌신하는 대상을 완전히 알 수는 없습니다. 그러나 당신은 그 헌신이 당신의 남은 생애 동안 삶의 모든 부분에 영향을 끼칠 것임을 압니다! 당신은 하나님을 당신의 삶 중심에 모시고 싶습니까? 당신은 세상을 치유하시는 예수님의 과업에 동참하고 싶습니까? 당신은 그 단계로 나아갈 준비가 되어 있습니까? 아니면 이미 그 길을 걸어가고 있습니까?

당신이 준비되었다면, 하나님과 간단한 대화를 나눔으로써 그 관계를 시작할 수 있습니다. 당신도 하나님께 응답하고 하나님을 당신의 중심, 당신의 치유자, 용서자, 지도자로 모실 수 있습니다.

최근에 내가 어떤 사람을 대화로 이끌었던 사례를 소개한다. 내가 처음에 언급한 대로, 나는 최근에 한 젊은 여성과 대화를 나누었다. 그녀의 이름은 레아였다. 나는 이렇게 기도를 시작했다. "하나님, 레아의 마음속에서 일하심을 감사합니다. 예수님, 레아가 당신을 따르고자 하는 마음을 주시니 감사합니다. 하나님, 이제 레아가 자신의 마음을 당신께 말씀드릴 수 있도록 그 입술에 적절한 말을 담아 주십시오."

그리고 나는 레아에게 말했다. "이제 당신 자신의 말로 하나님께 기도드리세요. 당신을 용서해 주시고, 자신을 위한 삶에서 돌이켜 하나님을 위한 삶을 살 수 있도록 도와 달라고 하나님께 부탁하세요."

레아가 기도했다. "하나님, 저는 당신을 알고 싶습니다. 제가 당신을 무시하고 다른 사람에게 상처를 주었던 것을 용서해 주세요. 특히 롭과의 관계에서 제가 행한 것들을 용서해 주세요."

이어서 나는 그녀에게 이렇게 말했다. "이제 예수님께, 당신이 예수님을 인도자로 받아들이고 싶으며, 당신의 삶 속에 들어오셔서 중심에 자리하시기를 바란다고 말씀드리세요."

레아가 기도했다. "예수님, 당신이 제 삶 속에 들어오셔서 중심에 자리하시길 바랍니다. 하나님, 저를 도와주세요."

그 후에 내가 기도했다. "하나님, 레아에게 당신을 따르고자 하는 갈망을 주시니 참 감사합니다. 하나님, 이제 제가 구하오니, 레아의 죄를 완전히 씻어주시고, 당신의 임재로 레아를 충만케 해주십시오." 나는 그녀에게 권했다. "레아, 하나님의 임재로 충만하게 해 달라고, 그리고 다른 사람과 세상을 치유하는 예수님의 과업에 동참할 수 있게 해 달라고 기도드리세요."

"그렇습니다, 하나님. 당신의 임재로 저를 채워 주세요. 저는 당신이 너무도 필요합니다. 저를 당신께 드립니다. 그리고 다른 사람의 치유를 위해서도 제가 할 수 있는 일을 하고 싶습니다."

나는 이렇게 마무리하는 기도들 드렸다. "하나님, 레아로 하여금 당신께 헌신하게 하심을 감사합니다. 우리가 기도할 때, 우리를 용서하시고, 인도하시고, 충만케 하시기로 약속하신 것을 인하여 감사드립니다. 레아가 그렇게 기도했습니다. 레아로 인하여 감사드립니다. 저는 레아를 무척 좋아합니다. 그리고 주님께서 그녀를 온전히 사랑하심을 압니다. 이제 그녀가 당신을 따르고, 다른 사람을 치유하는 주님의 일에 동참할 수 있도록 힘을 주십시오. 아멘."

그 후에 레아는 소그룹에서 자신이 하나님을 삶의 중심에 모셨다는 것을 알렸다. 몇 달 후, 그녀는 교회에서 세례를 받았다. 레아는 기쁨에 넘쳐 환하게 웃고 있었다. 물론 나도 그랬다!

부록 3

회심의 모델들

다음 그림들은 각각 회심에 대한 유계집합 모델, 중심집합 모델, 그리고 여행 모델을 나타낸다. 나는 이와 관련하여 브라이언 맥라렌의 「나는 준비된 전도자*More Ready Than You Realize*」(미션월드라이브러리 역간)에서 많은 도움을 얻었다.

먼저, 회심에 대한 유계집합 모델을 살펴보자. 여기서 핵심 질문은 "당신은 안에 있는가, 아니면 밖에 있는가?"이다.

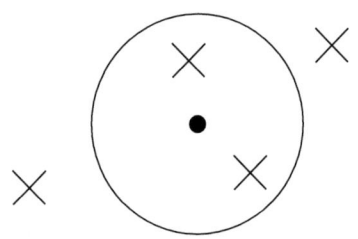

다음은 회심에 대한 중심집합 모델이다. 여기서 핵심 질문은 "중심을 향하여 가고 있는가, 아니면 중심에서 멀어지고 있는가?"이다.

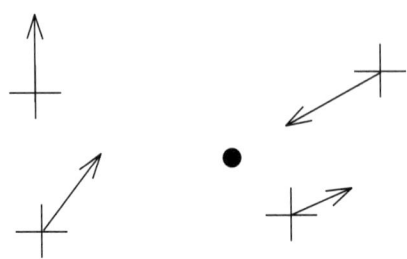

마지막으로, 회심에 대한 여행 모델이다. 여기서 핵심 질문은 "당신은 인도자의 발자취를 따르고 있는가?"이다.

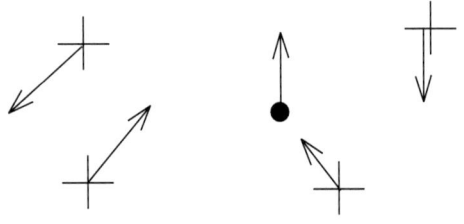

세 가지 모델을 함께 생각하는 것이 어느 하나만 생각하는 것보다 더 낫다. "회심은 몇 가지 구별되는 요소들 혹은 사건들을 포함하는 연장된 경험으로 보는 것이 가장 좋으며, 사람마다, 하나님의 성령이 개인의 삶 속에서 일하시는 고유한 방식에 따라, 이런 요소들 혹은 사건들을 다른 형태

와 다른 순서로 경험하기" 때문이다.

또한, 이 모델 중 어떤 것도 누가 회심했고, 누가 회심하지 않았는지를 판단하는 적절한 근거가 될 수는 없다. 하지만 이 모델들은, 사람들로 하여금 하나님과의 관계를 직면하도록 돕고자 할 때, 우리가 물을 수 있는 질문들을 제공한다.

부록 4

영적 은사와 복음 증거

개인적인 묵상

1. 당신은 자신의 영적 은사가 무엇이라고 생각하는가? 이 부록의 끝 부분에 있는 은사에 대한 설명을 참조하라.

- 기획력과 지도력
- 전도와 구비
- 환대와 격려
- 목회적 돌봄과 가르침
- 기도, 성령의 말씀과 능력
- 봉사와 긍휼
- 베풂

2. 당신의 삶의 어떤 부분에서 그 은사가 드러나는 것을 보았는가?
3. 어떻게 하면 당신의 은사가 공동체의 복음 증거에 가장 선하게 기여하겠는가?
4. 당신의 교회는 당신이 공동체의 복음 증거에 기여하도록 도움을 주기 위해 무엇을 해야 할지 생각해 보라. 훈련이 필요한가? 공동체의 비전을 좀더 명확하게 설명해 주어야 하는가? 실제적인 참여 방안이 필요한가? 당신이 가장 필요한 부분이 무엇인지, 당신의 교회와 공동체가 그것을 제공하려면 무엇을 해야 할지 생각해 보라.
5. 당신은 성령으로 충만케 되기를 기도한 적이 있는가? 당신이 존경하는 사람 중에 당신의 성령 충만을 위해 안수하며 기도해 달라고 부탁할 수 있는 사람은 누구인가?

그룹 토의

그룹으로 모이라. 당신의 공동체에서 복음 증거를 위해 은사를 어떻게 사용할 수 있을지 브레인스토밍을 하는 시간을 가지라. 몇 가지 아이디어를 추리고, 그 아이디어를 성취하는 것을 가로막는 장애물에 대해서도 이야기를 나누어 보라. 당신의 교회는 어떻게 해야 효과적으로 당신과 당신의 은사를 활용할 수 있겠는가? 당신의 은사가 공동체의 복음 증거에 적절히 활용될 방법을 알려면 무엇이 필요한가? 그룹의 대표를 뽑아서 함께 생각해 낸 것들을 전체 앞에서 발표하라.

은사 목록

기획력과 지도력

1. 어떤 과업을 수행해야 할 때, 사람들은 종종 나에게 기획하고 지도하는 역할을 맡아 달라고 부탁한다.
2. 나는 다른 사람들을 어떤 과제나 프로젝트에 잘 끌어들인다.
3. 나는 어떤 행사에 대해 세부적인 준비가 없으면 그 행사가 실패하리라 생각한다.
4. 내가 어떤 행사를 주도하면, 그 행사가 잘 진행되는 것 같다.
5. 어떤 행사에 참여할 때마다, 나는 그 행사가 얼마나 잘 진행되고 있으며, 어떻게 하면 더 좋았겠는지를 평가하곤 한다.

전도와 구비

1. 나는 예수님을 아직 따르지 않는 사람과 함께 있는 것을 좋아한다.
2. 나는 복음의 능력에 대해 큰 확신을 가지고 있다.
3. 나는 적어도 한 사람을 그리스도께 인도한 적이 있다.
4. 나는 전도를 위해 다른 사람들을 가르치고 동기 부여하는 것을 좋아한다.
5. 전도 프로그램을 계획할 때, 사람들은 나에게 와서 다른 사람들을 그리스도께 헌신하도록 돕는 방법에 관해 묻는다.

환대와 격려

1. 나는 사람들을 집에 초대하여 대화하고 음식을 나누는 일이 좋다.
2. 나는 사람들이 편안하게 느낄 수 있도록 장소를 꾸미는 일이 좋다.
3. 내가 속한 그룹이 행사를 계획할 때, 사람들은 나에게 와서 손님들에게 환영과 좋은 대접을 받는 느낌을 주는 아이디어를 구한다.
4. 사람들이 모일 때, 나는 고립되어 있거나 불편해 보이는 사람을 찾아낸다.
5. 모임 중에 사람들이 좋은 시간을 보내는 것을 보면 행복하다.

목회적 돌봄과 가르침

1. 나는 과거에 소그룹을 인도해 본 적이 있고, 대부분 성공적으로 끝이 났다.
2. 나는 사람들에게 질문을 하고, 그들의 생각을 듣는 것을 좋아한다.
3. 나는 사람들의 필요를 보고, 공동체에서 그 필요를 채워줄 수 있는 다른 사람을 연결해 주는 것을 좋아한다.
4. 나는 성경 연구를 좋아하며, 나에게 도전을 주고 힘을 주는 내용을 잘 발견한다.
5. 나는 즐거운 마음으로 사람들의 멘토가 된다.

기도, 성령의 말씀과 능력

1. 사람들의 필요를 볼 때, 나의 첫 반응은 기도해 주겠다고 하는 것이고, 실제로 그 문제를 위해 기도한다.

2. 내가 사람들을 위해 기도할 때, 나는 종종 하나님 그리고 사람들과 연결됨을 느낀다.
3. 나는 하나님이 무엇을 기도하라고 하시는지 감지하곤 하는데, 사람들은 그 내용에 잘 반응하였다.
4. 나는 하나님이 사람들을 치유하심을 믿으며, 하나님이 일하실 것이라는 기대를 품고 상처입은 사람들을 위해 기도한다.
5. 나는 아직 예수님을 따르지 않는 사람들을 위해 기도하고 있다.

봉사와 긍휼

1. 사람들의 필요를 볼 때, 나는 먼저 그들을 돕기 위해 뭔가 실제적인 일을 해야 한다는 생각이 든다.
2. 나는 교회에서 행하는 가난한 사람을 돕는 사역에 참여해 왔다.
3. 나는 교회가 궁핍한 사람들을 돌보지 않는 것처럼 보일 때 화가 난다.
4. 나는 가장 훌륭한 형태의 전도는 사람들을 실제적으로 돕는 것이며, 행동을 통해 말하는 것이라고 믿는다.
5. 나는 교회가 국내에서, 혹은 해외 선교 여행을 통해 가난한 사람들을 섬기려는 노력을 체계화하도록 도와 왔다.

베풂

1. 나는 돈을 버는 능력이 있다.
2. 나는 내가 옳다고 믿는 목적과 사역을 위해 기부하고 싶다.
3. 나는 누군가 돈이 필요함을 볼 때, 재정적으로 도와주고자 한다.

4. 내가 남에게 인정받아야 할 필요는 없다. 다만, 일이 제대로 되는 것을 보고 싶을 뿐이다.
5. 나는 정말로 변화를 일으킬 수 있는 사업과 사람들에게 투자하기를 원한다.

1. 전도의 새로운 이미지

p. 27. "다음의 짧고 간단한 대화를 통해 간달프는 우리에게 영적인 여정의 안내자가 되는 기술이 무엇인지 보여 준다."

이 대화는 영화 *The Lord of the Rings: The Fellowship of the Ring*, 장면 28, DVD 1:49:20-1:51:30에 나온다. 유사한 대화를 J. R. R. Tolkien, *The Fellowship of the Ring* (1965; reprint, New York: Ballantine, 1982), pp. 84-88에서도 볼 수 있다. 「반지의 제왕1 —반지 원정대」(씨앗을뿌리는사람).

p. 29. "그리고 그들은 '영적 인도'의 대화를 시작한다."

이 대화는 앞의 영화, 장면 28, DVD 2:20:35-2:23:10에 나온다. 삽입된 묘사는 Tolkien의 *Fellowship of the Ring*, pp. 429-432에서 인용하였다.

p. 32. "바로 이때, 평소에는 단순하고 현실적이며 말도 어눌하던 이 작은 호빗, 샘이…."

이 장면은 영화 *The Lord of the Rings: The Two Towers*, 장면 50, DVD 2:43:45-2:46:40에 나온다. 샘과 프로도 사이의 비슷한 대화가 J. R. R. Tolkien 의 *The Two Towers* (1965; reprint, New York: Ballantine, 1982), pp. 406-409에 나온다. 「반지의 제왕2-두 개의 탑」(씨앗을뿌리는사람).

2. 성령의 재발견

p. 48. "우리는 '주여, 제가 하는 일에 복을 내리소서'라고 기도하기를 멈추고…."
Rick Warren, *The Purpose Driven Church*(Grand Rapids: Zondervan, 1995), p. 15. 「새들백교회 이야기」(디모데).

p. 51. "성령께 귀를 기울이고 성령의 파트너가 되는 일로서의 전도…."
그는 자신의 설교 내내 잠을 자던 무슬림 한 명이 꿈을 통해 회심을 하게 되는 놀랍고도 감동적인 이야기를 해 준다. R. York Moore. *Growing Your Faith by Giving It Away* (Downers Grove, Ill.: InterVarsity Press, 2005), pp. 30-40.

3. 공동체를 통한 복음 증거

pp. 70-71. "사람들이 새로운 정체성을 받아들일 때에는 언제나…."
Brad Kallenberg는 회심에서 공동체의 기능을 탐구하는 데 특별히 언어에 관한 Ludwig Wittgenstein의 통찰을 활용한다. Brad Kallenberg, *Live to Tell: Evangelism for a Postmodern Age* (Grand Rapids: Brazos, 2002), pp. 31-46.

p. 71. "교회가 이교적 혹은 비기독교적 문화에 접근할 필요가 있을 때마다…."
이교도들에게 접근하는 전략에서 공동체의 위치에 관한 논의에 대해서는, George Hunter, *The Celtic Way of Evangelism: How Christianity Can Reach the West-Again* (Nashville: Abingdon, 2000)와, 나의 책, *Evangelism Outside the Box* (Downers Grove, Ill: InterVarsity Press, 2000)을 보라.

p. 78. "여섯 가지 핵심적인 은사 영역들을 발견했다."
사람마다 기질과, 성격과, 은사에 따라 각자 다른 전도 스타일이 있다는 생각은 Mark Mittelberg와 Bill Hybels의 의견과 같다. 그들의 초점은 좀더 개인적이다. Hybels는 성경의 인물들도 각각의 전도의 상황에서 저마다 다양한 의사 소통 스타일을 보여 주고 있음을 지적했다. 나의 출발점은 로마서 12장, 고린도전서 12장, 에베소서 4장에 나타난 영적인 은사에 관한 가르침이다. 그리고 나의 초점은 사람들이 자신의 전도 스타일을 이해하는 것뿐만 아니라, **팀을** 이루도록 돕는 것이다.

p. 83. "나중에 그는 이렇게 기록했다. '아, 정말 놀라운 날이었다!'"
Dwight L. Moody 의 이 말은 Lyle W. Dorsett, *A Passion for Souls: The Life of D. L. Moody* (Chicago: Moody Press, 1997), p. 156에 나온다.

p. 83. "하나님이 그에게 복을 쏟아 부어 주셨다."
같은 곳.

p. 84. "유럽의 남서쪽 끝에 있는 세인트빈센트 곶의 절벽에 서서…"
Pete Greig와 Dave Roberts, *Red Moon Rising: How 24/7 Prayer Is Awakening a Generation* (Lake May, Fla.: Relevant Books, 2003), p. 1. 「24-7 기도」(예수전도단).

4. 영적 우정의 기술

p. 102. "그녀는 다른 여자들처럼 해거름에 물을 긷지 않고 정오에 혼자 우물에 나왔다."
흥미로운 비교를 위해 창세기 24장에 나오는 또 다른 우물가의 한 여자 이야기를 보라. 예수님이 우물가에서 사마리아 여인과 만난 이야기를 기록할 때, 요한은 아마도 이 이야기를 떠올리고 있었을 것이다. 물을 달라는 부탁을 받고 물을 주었던 리브가는, 저녁 시간에 많은 다른 사람들과 함께 우물로 나왔음을 주목하라. 그리고 그녀는 모든 낙타들에게 물을 먹이는데, 이 일은 엄청난 시간이 걸리고, 엄청난 양의 물이 소모되는 일이었을 것이다. 이 이야기는 요한복음 4장과 상당히 유사하지만, 둘 사이의 대비점은 더욱 뚜렷하다. 두 여자 모두 선택을 받았으나, 한 여인은 그럴 만한 자질이 있었기 때문이고, 또 다른 여인은 예수님께 선택을 받았다.

5. 이야기의 힘

p. 114. "내 친구 론 앨리슨은…."
Lon Allison과 Mark Anderson, *Going Public with the Gospel* (Downers Grove, Ill.: InterVarsity Press, 2003), p. 114.

pp. 115. "이야기가 이렇게 우리에게 기본이 되는 이유는…."
Eugene Peterson, *Leap over a Wall: Early Spirituality for Everyday Christians* (New York: HarperCollins, 1997), pp. 3-4. 「다윗: 현실에 뿌리박은 영성」(IVP).

p. 116. "우리는 작고 의미도 없는 수많은 것을 가지고 있습니다."
Sarah Hinlicky, "Talking to Generation X," *First Things 90* (February 1999): 11.

pp. 117-118. "세계관은 네 가지 차원, 혹은 수준을 살펴볼 때 가장 잘 이해할 수 있다."
N. T. Wright, *The New Testament and the People of God* (Minneapolis: Fortress, 1992), pp. 132-133. 「신약성서와 하나님의 백성」(크리스챤다이제스트).

6. 고정 관념을 깨뜨리는 예수

p. 137. "예수님은 깜짝 사탕과 같은 존재다."
이 유비는 *Jesus with Dirty Feet* (Downers Grove, Ill.: InterVarsity Press, 1999)의 저자 Don Everts의 것이다. 「예수의 더러운 발」(규장).

p. 143. "공동체에 관한 질문"
Rick Richardson, *Evangelism Outside the Box* (Downers Grove, Ill.: InterVarsity Press, 2000), pp. 38-40.

7. 굉장한 뉴스!

p. 167. "세례 때 이미 그는 이스라엘과 자신을 동일시하셨고…."
마가복음 1:9-12, 마태복음 3:13-17, 그리고 누가복음 3:21-22에서, 예수님이 세례를 받으려 하시자, 요한은 자신이 예수님께 세례를 줄 자격이 없다며 거절한다. 정황으로 보아, 예수님이 회개와 씻음을 위해 개인적으로 세례를 받아야 할 필요는 없었던 것이 분명하다. 그렇다면, 그는 왜 세례를 받았는가? 아마도 예수님의 세례를 이해할 수 있는 열쇠는, 성령이 그의 위에 내려오시며 하나님이 "너는 내 사랑하는 아들이라. 내가 너를 기뻐하노라"라고 말씀하신 순간에 있을 것이다. 구약 성경에서 하나님의 사랑을 받는 아들은 이스라엘이나, 이스라엘을 대표하는 왕이었다. 그러므로 여기서 예수님은 이스라엘을 대표하는 왕이시다. 그는 이스라엘과 자신을 동일시하고, 그가 대표하는 이스라엘의 왕이 되는 표시로서 세례를 받고 있다. 예수님은 이스라엘의 역사를 재연하고 있고, 그 역사는 올바르게 진행되고 있다.

8. 결혼식 초대

p. 183. "가장 좋은 자료는 사도행전이다."
복음서 기사들을 통해 회심에 대한 유사한 관점을 제시하는 자료로는, Richard V. Peace, *Conversion in the New Testament* (Grand Rapids: Eerdmans, 1999)을 보라.「신약이 말하는 회심」(좋은씨앗).

p. 187. "회심은 몇 가지 구별되는 요소들 혹은 사건들을 포함하는…"
Gordon T. Smith, *Beginning Well: Christian Conversion and Authentic Transformation* (Downers Grove, Ill.: InterVarsity Press, 2001), p. 138.

p. 191. "인류학자 폴 히버트는…"
Paul G. Hiebert, "The Category of 'Christian' in the Mission Task," *International Review of Mission* 72 (July 1983): 421-427.

부록 2
p. 209. "세상을 회복하고 변혁하려 하시는…."
세상을 회복하시려는 하나님의 계획을 진지하게 다루는 이 복음 설명법의 개발에 탁월하게 기여한 James Chong에게 감사한다. 그는 세상을 치유하시는 하나님의 선교에 대해 나누고 그 과업에 참여하도록 사람들을 초대하는 일에 대한 서사적인 접근법을 개발했다. James는 Allen Wakabayashi가 그의 책 *Kingdom Come*에서 제시한 '하나님 나라의 복음' 접근법을 좀더 발전시켰다. 또한, 복음의 영향력의 다양한 차원들을 이해하는 데 도움이 되는 세 가지 수준(개인적, 관계적, 체계적)을 제안해 준 Andy Bilhorn에게 감사한다. 하나님이 중심에 계신지 묻는 이 설명법의 기본적인 틀은 IVP에서 출간된 나의 책 *Circles of Belonging*과 *Evangelism Outside the Box*에서 제시된 '소속의 원' 복음 설명법을 따르고 있다.

부록 3
p. 219. "이와 관련하여 브라이언 맥라렌의 책…."
Brian D. McLaren, *More Ready Than You Realize: Evangelism as Dance in the Postmodern Matrix* (Grand Rapids: Zondervan, 2002), pp. 137-140. 「나는 준비된 전도자」(미션월드라이브러리).

p. 220. "세 가지 모델을 함께 생각하는 것이 어느 하나만 생각하는 것보다 더 낫다."
Gordon T. Smith, *Beginning Well: Christian Conversion and Authentic Transformation* (Downers Grove, Ill.: InterVarsity Press, 2001), p. 138.

옮긴이 **노종문**은 한국과학기술원(B.S.)을 졸업하고 IVF 대전 지방회 간사를 역임했다. 이후 장로회 신학대학교 신학대학원(M.Div.)과 미국 예일 대학교(S.T.M., 신약성서학)에서 공부했으며, IVP 대표 간사로 일했다. 역서로는 「영성지도와 상담」, 「영성 훈련 핸드북」, 「거룩한 사귐에 눈뜨다」, 「악의 문제와 하나님의 정의」(이상 IVP), 「세상 권세와 하나님의 교회」(복있는 사람) 등이 있다.

스타벅스 세대를 위한 전도

초판 발행 2008년 8월 15일
초판 7쇄 2024년 7월 25일

지은이 릭 리처드슨
옮긴이 노종문
펴낸이 정모세

펴낸곳 한국기독학생회출판부
등록번호 제2001-000198호(1978. 6. 1)
주소 04031 서울시 마포구 동교로 156-10
대표 전화 (02)337-2257 팩스 (02)337-2258
영업 전화 (02)338-2282 팩스 080-915-1515
홈페이지 http://www.ivp.co.kr 이메일 ivp@ivp.co.kr
ISBN 978-89-328-3537-2

ⓒ 한국기독학생회출판부 2008

책값은 뒤표지에 있습니다.
무단 전재와 복제를 금합니다.